PUSSYCUT

Eden Books
Ein Verlag der Edel Germany GmbH

Copyright der deutschen Ausgabe © 2016 Edel Germany GmbH,
Neumühlen 17, 22763 Hamburg

www.edel.com

Titel der Originalausgabe
Pussy Cut – Manuale di giardinaggio pub(bl)ico
Caroline Selmes
24 ORE Culture S.r.l., Milan
Projekt von Luca Bendandi - Vetro Editions

Idee und Illustrationen
Caroline Selmes

Text
John Z. Komurki

Projektkoordination
Anastasia Gabrielle Berlin

Übersetzung
Margit Sander

Satz
Julia Vukovic

ISBN: 978-3-9591-0056-4

Printed in Italy

Caroline Selmes

PUSSYCUT

Einzigartige Schnitte für wunderschöne Damenschritte

EINE KURZE EINFÜHRUNG

1986 zogen Jocely, Jonice, Janea, Joyce, Jussara, Juracy und Judseia Padilha nach Manhattan und eröffneten dort ein Nagelstudio: den J Sisters Salon. Im brasilianischen Küstenort Vitória, wo die Schwestern aufgewachsen waren, herrscht das ganze Jahr über Bikiniwetter, sodass sich die meisten Frauen dort regelmäßig die Schamhaare komplett entfernen lassen. Als der J Sisters Salon 1994 das damals neuartige „Brazilian Waxing" anbot, entwickelte sich schnell ein Trend, der weder vor Promis noch vor Normalos Halt machte. Absoluter Höhepunkt der Hysterie war die „Brazilian"-Folge von Sex and the City im Jahr 2000. Seitdem ist Brazilian Waxing derart salonfähig, dass Insektenforscher bereits ein baldiges Aussterben der Filzlaus prognostizieren (kein Witz). Für die Beliebtheit des Brazilian Waxing gibt es mehrere Gründe: einer davon ist zweifellos die plötzliche Allgegenwärtigkeit von Pornos. Hier sieht man unentwegt makellos glatte Haut in Nahaufnahme. Doch der glänzend nackte Look des Intim-Waxings ist nicht überall populär: In Japan und Südkorea etwa lassen sich immer mehr Frauen zusätzliche Haare für dichteren und dickeren Wuchs transplantieren. Hier ist Schambehaarung ein Mittel zur Verführung und gilt als Zeichen für Fruchtbarkeit. Zwischen diesen beiden Extremen existiert eine schier unerschöpfliche Bandbreite an Formen und Methoden als Antwort auf die bereits uralte Stilfrage im Schambereich.

Das Trimmen der Schambehaarung wird schon seit Menschengedenken praktiziert und zieht sich durch alle Kulturen. Die alten Ägypter zelebrierten einen glatten, unbehaarten Körper – Frauen wie Männer schoren sich eine Glatze; Frauen entfernten sich die lästigen Härchen mit Enthaarungscreme und einer Art Wachs aus Öl und Honig. Auch die alten Griechen bevorzugten marmorglatte Haut: nahezu alle Darstellungen von Frauen zeigen unbehaarte Körper, während dies bei solchen des anderen Geschlechts in der Regel nicht der Fall ist. Ebenso galt ein behaarter Schambereich bei den alten Römern als unästhetisch. Bereits bei jungen Mädchen wurde der erste zarte Flaum entweder mit einer kleinen Zange, einer so genannten „Volsella", oder mit „Philotrum" bzw. „Dropax" entfernt. Diese Vorläufer heutiger Enthaarungscremes enthielten geradezu haarsträubende Zutaten wie Pech, Eselsfett, Fledermausblut, ein Extrakt aus weißen Weinreben oder Efeuharz, die Galle einer Zicke und pulverisierte Viper.

Auch in der islamischen Kultur sind Schamhaare seit jeher tabu. Ein islamischer Brauch schreibt die Enthaarung bei Männern und Frauen sogar mindestens einmal alle vierzig Tage vor. Diese Praxis verbreitete sich in der gesamten muslimischen Welt, wurde wahrscheinlich von den Kreuzrittern nach Europa gebracht und erlebte während der Renaissance eine erste Blütezeit. Schon so manche haben sich gefragt, warum die großen Meister Frauen fast immer ohne Schambehaarung gemalt haben und ob dies tatsächlich der Realität oder nur einem gängigen Schönheitsideal entsprach. Was auch immer dahinter steckte, die Werke von Michelangelo, Tizian, Bosch und Rubens zeigen durchweg porzellanglatte Frauen. Der britische Schriftsteller John Ruskin soll beim ersten Anblick einer echten, behaarten Vagina entsetzt gewesen sein, war er doch aus der Klassischen Kunst nur eine makellos glatte Scham gewohnt. *Die nackte Maja* (1797) von Goya ist das vielleicht erste Gemälde, das eine Frau mit Schambehaarung zeigt (der Künstler wurde dafür später vor die Spanische Inquisition zitiert). Noch skandalträchtiger ist höchstens Gustave Courbets *Der Ursprung der Welt* (1866). In den Jahrhunderten nach der Renaissance scheint sich das Verhältnis europäischer Frauen zu ihrer Schambehaarung nach Epoche und Kultur immer wieder geändert zu haben. Da das Thema öffentlich tabu war, können wir nur versuchen, damalige Ansichten aus vereinzelten Zeugnissen abzuleiten, wie z. B. aus einer Schnupftabakdose im Museum der schottischen St. Andrew's Universität, in der König Georg IV. das Schamhaar einer seiner Mätressen aufbewahrte. Mit dem Aufkommen massenproduzierter Rasierer änderte sich alles: Als 1915 der erste Damenrasierer auf den Markt kam, verurteilte der Hersteller Gillette Körperbehaarung als „unansehnlich" und „anstößig". Glattrasiert würden Frauen „hygienischer" und „femininer" wirken. Ebenfalls 1915 war im Modemagazin Harper's Bazaar ein Model in einem Abendkleid mit entblößten Schultern und rasierten Achselhöhlen abgebildet. Seitdem ist zwischen Modewelt und Marketing ein immer verrückterer Wettstreit darüber entbrannt, wem es gelingt, dass sich Frauen wegen ihrer Körperbehaarung noch unwohler fühlen. Das Rasieren von Beinen und Achseln war fast überall in Amerika und Europa der 1930er-Jahre groß in Mode. Und spätestens mit der Erfindung des Bikinis im Jahr 1946 fehlte der Busch zwischen den Beinen fast komplett, und die Bikinizone war nur noch ein Härchen vom Sphinx-Look entfernt.

Seitdem zeigte die Trendkurve für eine Komplettrasur bis auf wenige Absacker immer weiter nach oben: Zur Zeit der feministischen Bewegung in den 1970er-Jahren erlebte die Schambehaarung noch einmal ein kurzes Revival, unsterblich gemacht durch den weichgezeichneten Pilzwolken-Look der Playboy- und Penthouse-Models. Hugh Hefner bezeichnete die Rivalität der beiden Magazine als „The Pubic Wars" (in Anlehnung an die Punic Wars – die Punischen Kriege). Beide Magazine versuchten sich in der freizügigen Darstellung weiblicher Nacktheit zu übertrumpfen, ohne dabei mit dem Gesetz in Konflikt zu geraten. Andererseits waren viele Gruppen und Bewegungen der Ansicht, dass das ungebändigte Wachstum der Schamhaare vor allem für Frauen eine Methode war, sich den vorherrschenden hegemonistischen, oftmals patriarchalen, politischen und ästhetischen Wertvorstellungen zu widersetzen. Mittlerweile gilt eine komplette Entfernung der Schamhaare bei vielen jungen Leuten als vollkommen normal. Doch ganz gleich, was die Frau auch immer bevorzugt, eines ist klar: ein individueller Formschnitt unten herum ist eines der ausdrucksstärksten Accessoires dieses Jahrhunderts. Dementsprechend gibt es eine schier unendliche Formenvielfalt. Die Wahl des jeweiligen Looks verrät allerdings immer einiges über die Persönlichkeit.

Inhalt

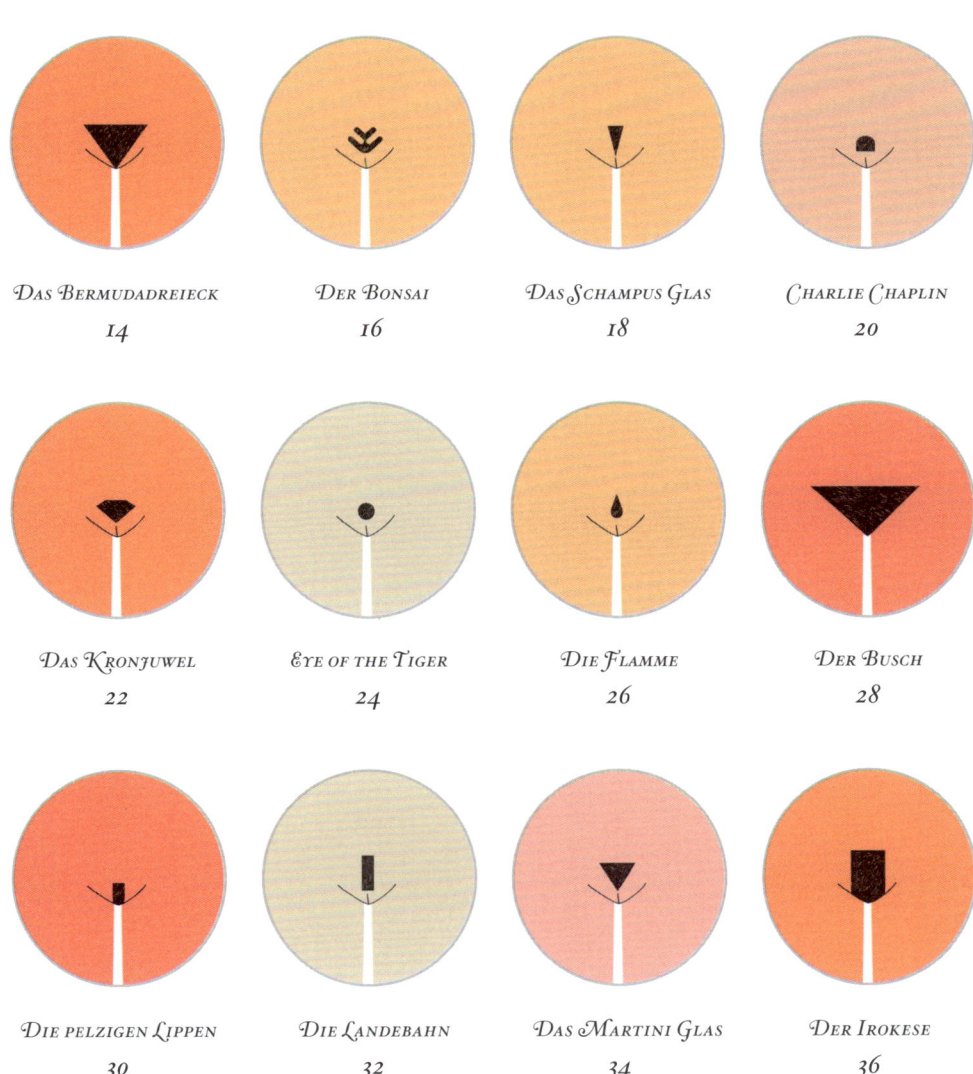

DIE SCHNITTE

Das Bermudadreieck

„Grandiose Dreifaltigkeit, leuchtendes Dreieck!
Wer euch nicht gekannt hat, ist ein armer
Wicht!"

Comte de Lautréamont

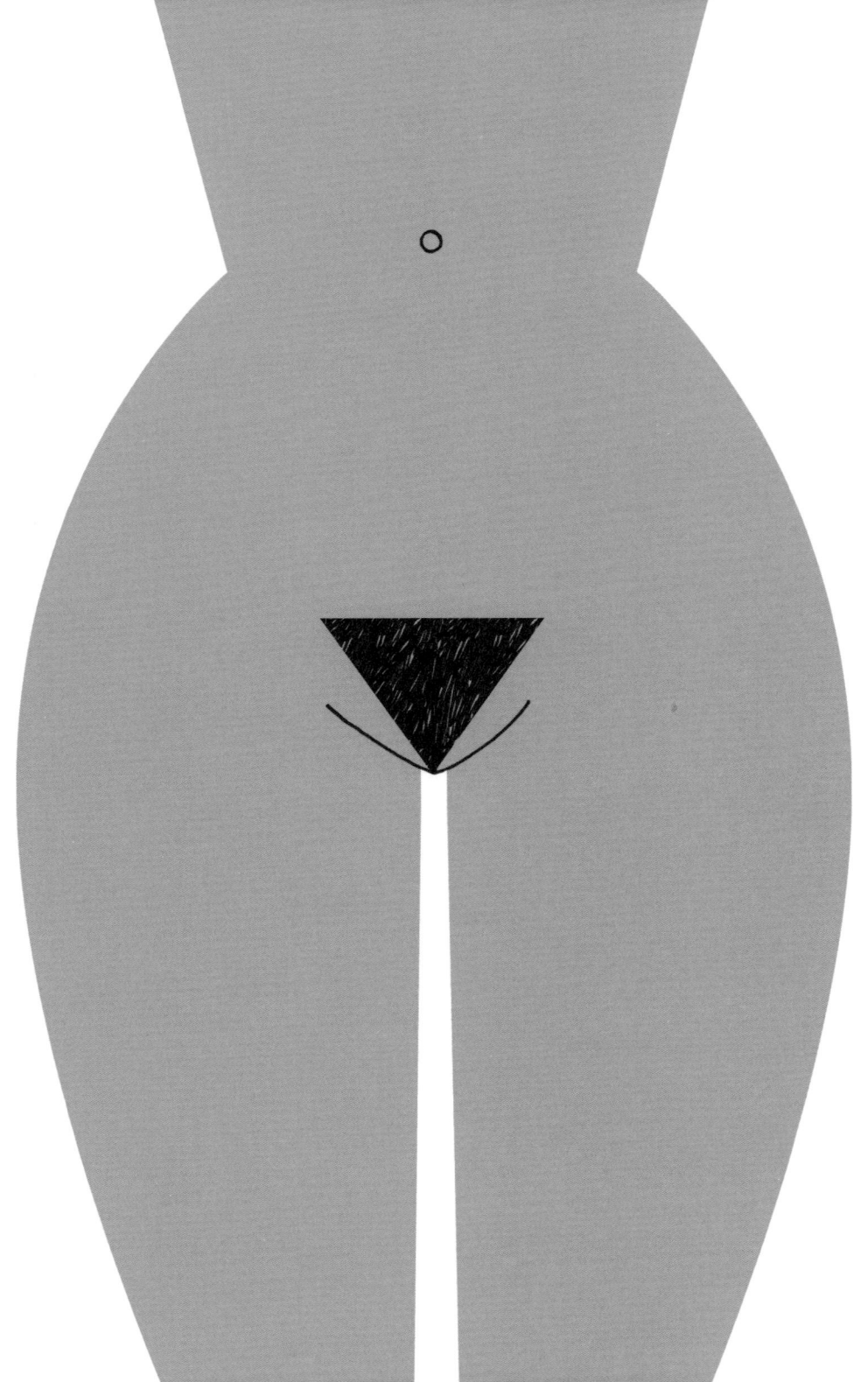

Der Bonsai

„Der Bonsai ist nicht das Ergebnis, das kommt erst später. Wichtig ist nur die Freude daran."

John Yoshio Naka

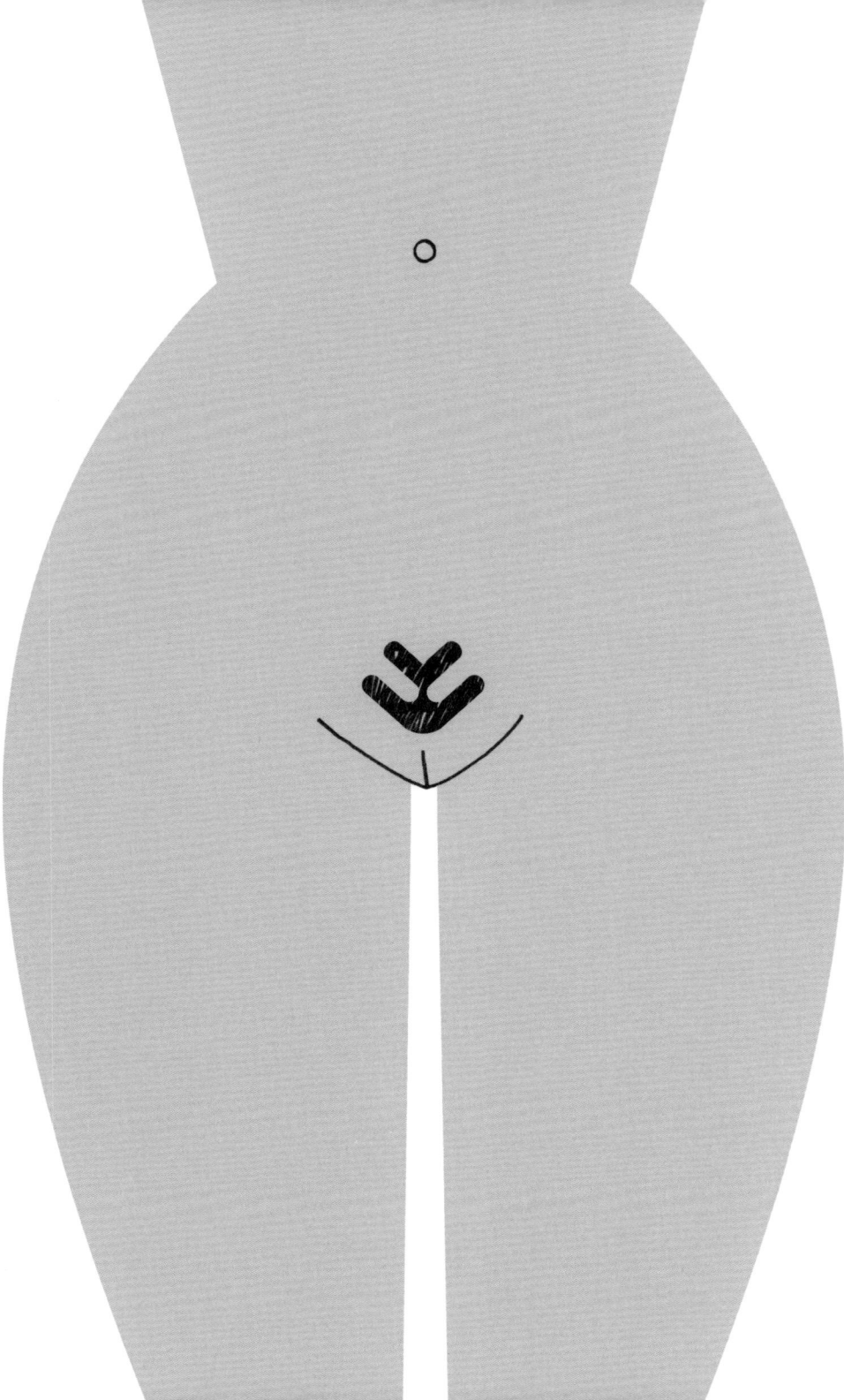

Das Schampus Glas

„Champagner ist der einzige Wein,
der eine Frau noch schöner macht,
nachdem sie ihn getrunken hat."
Madame de Pompadour

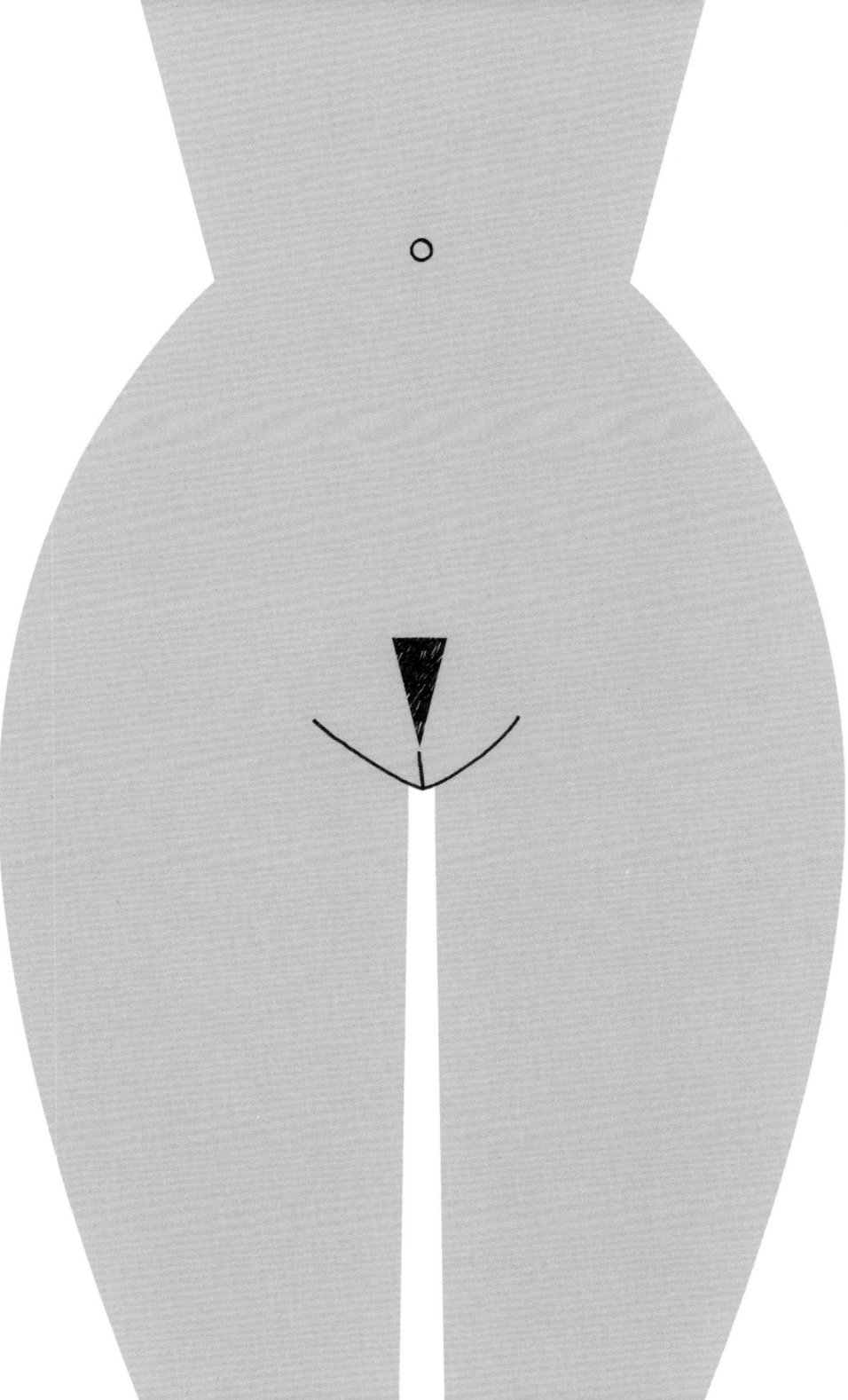

Charlie Chaplin

„Wofür soll Bedeutung gut sein?
Leben ist Begierde, nicht Bedeutung."
Charles Chaplin

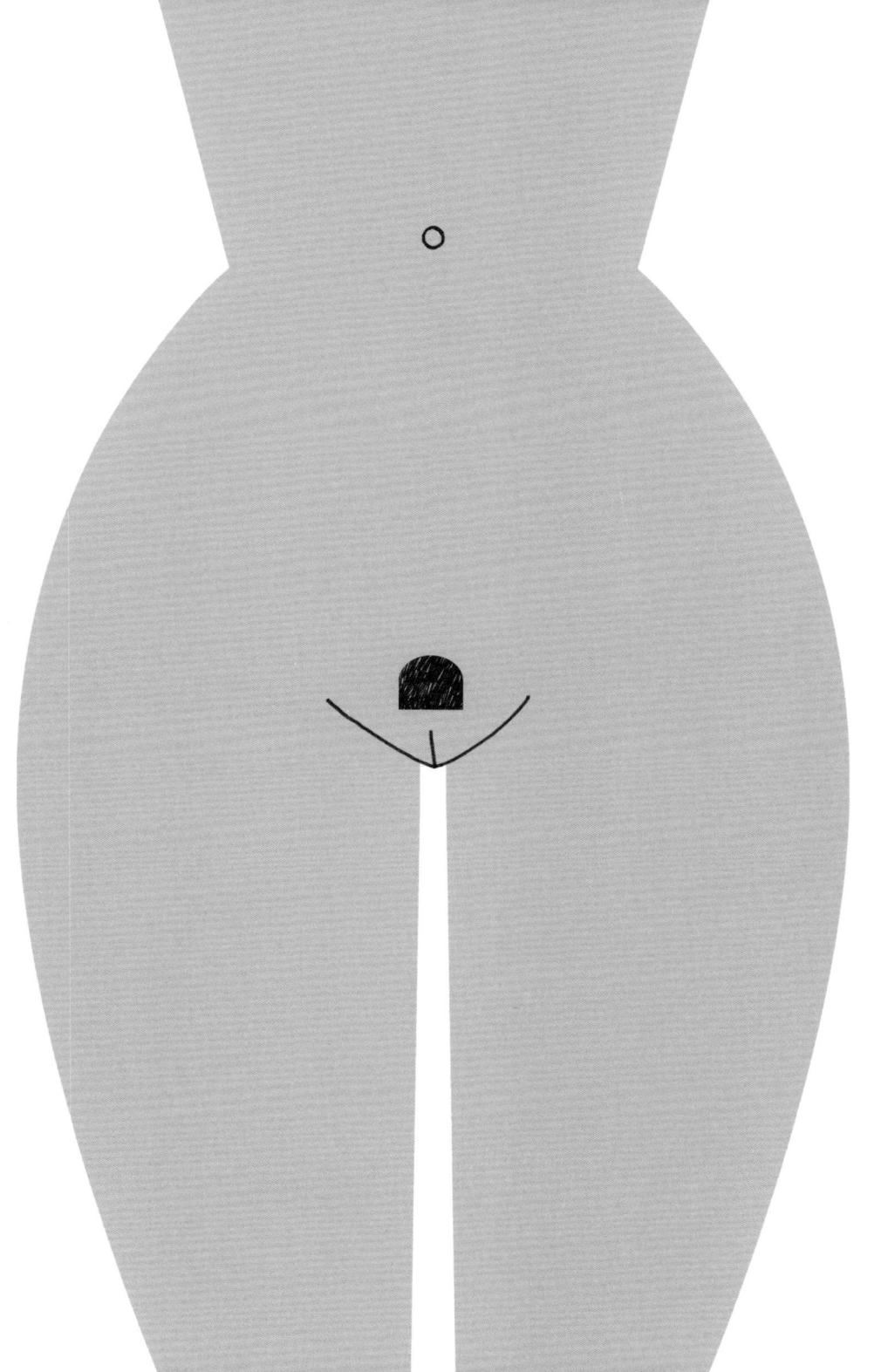

Das Kronjuwel

„Haare gehören für mich zur Ausstattung.
Haare sind Schmuck, reine Accessoires."

Jill Scott

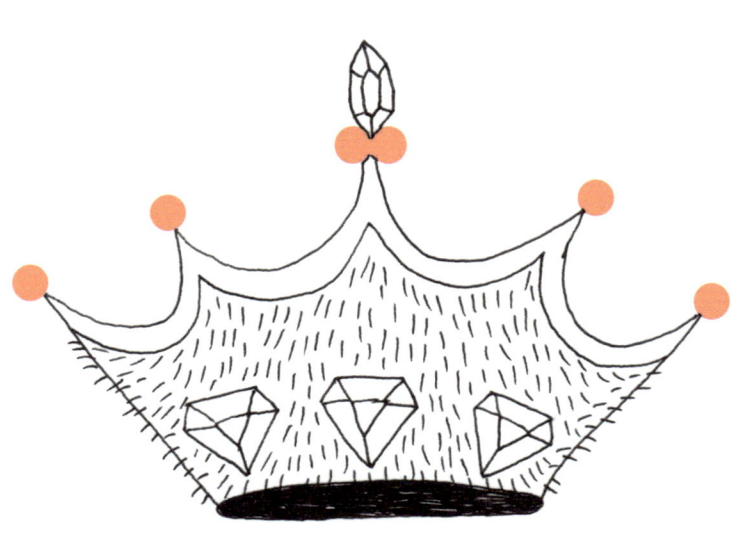

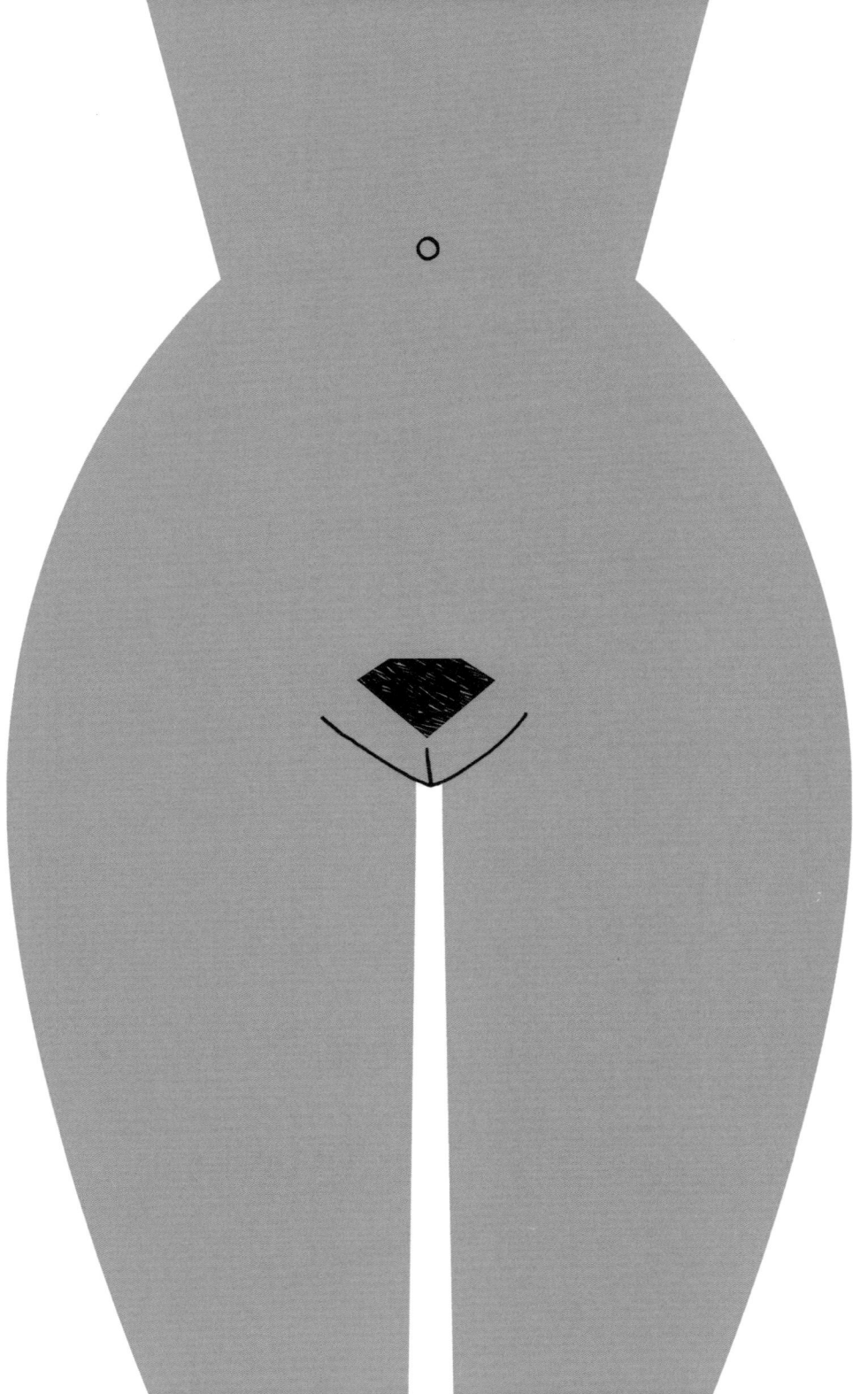

Eye of the Tiger

„in welch' Himmeln ungeheuer brannte
deiner Augen Feuer?"

William Blake

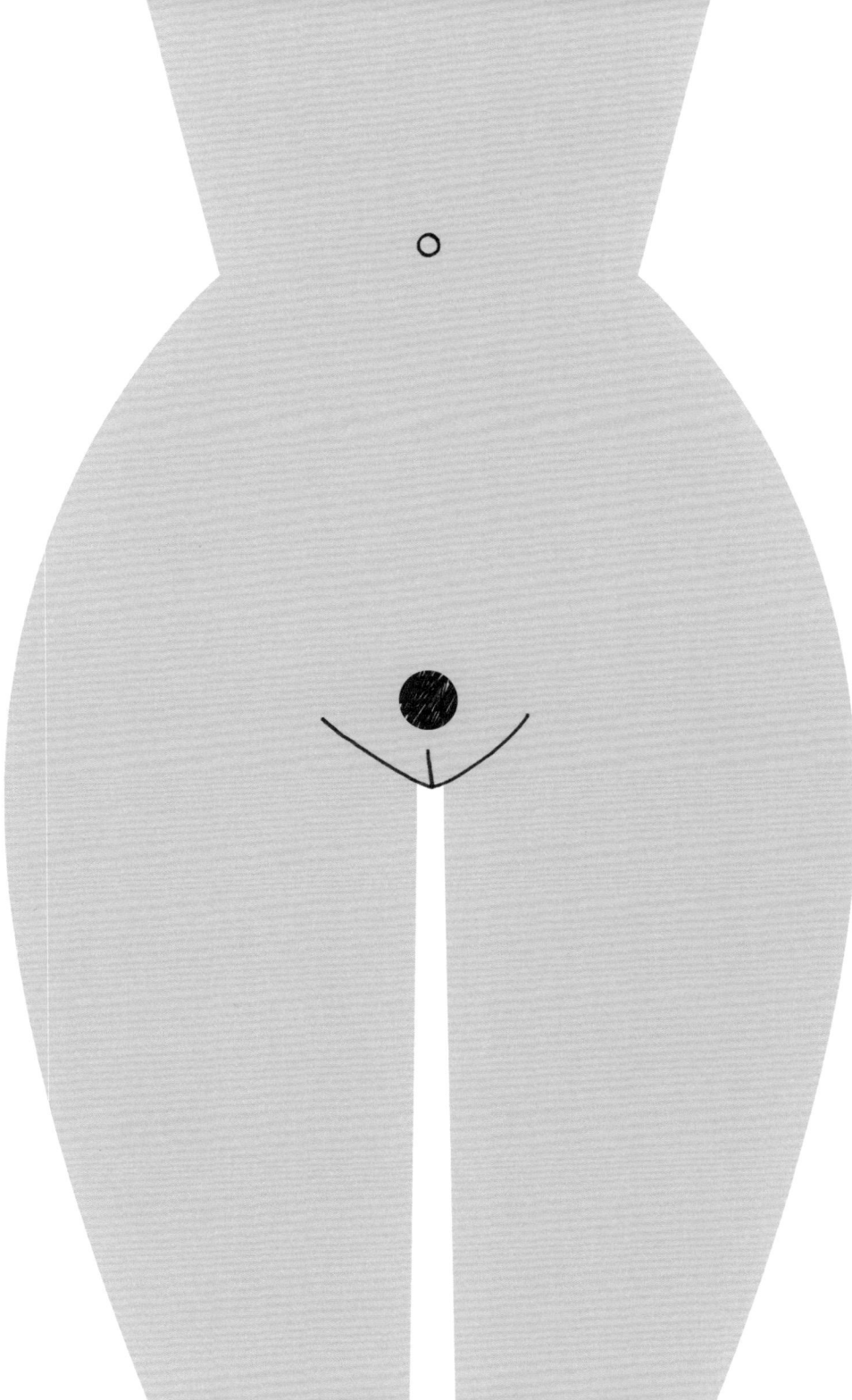

Die Flamme

„Brennen in Wasser, Ertrinken in Flammen."
Charles Bukowski

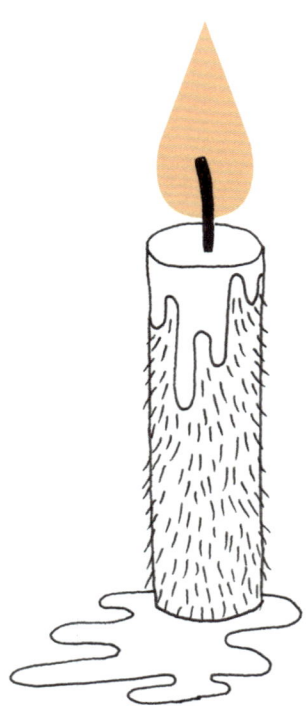

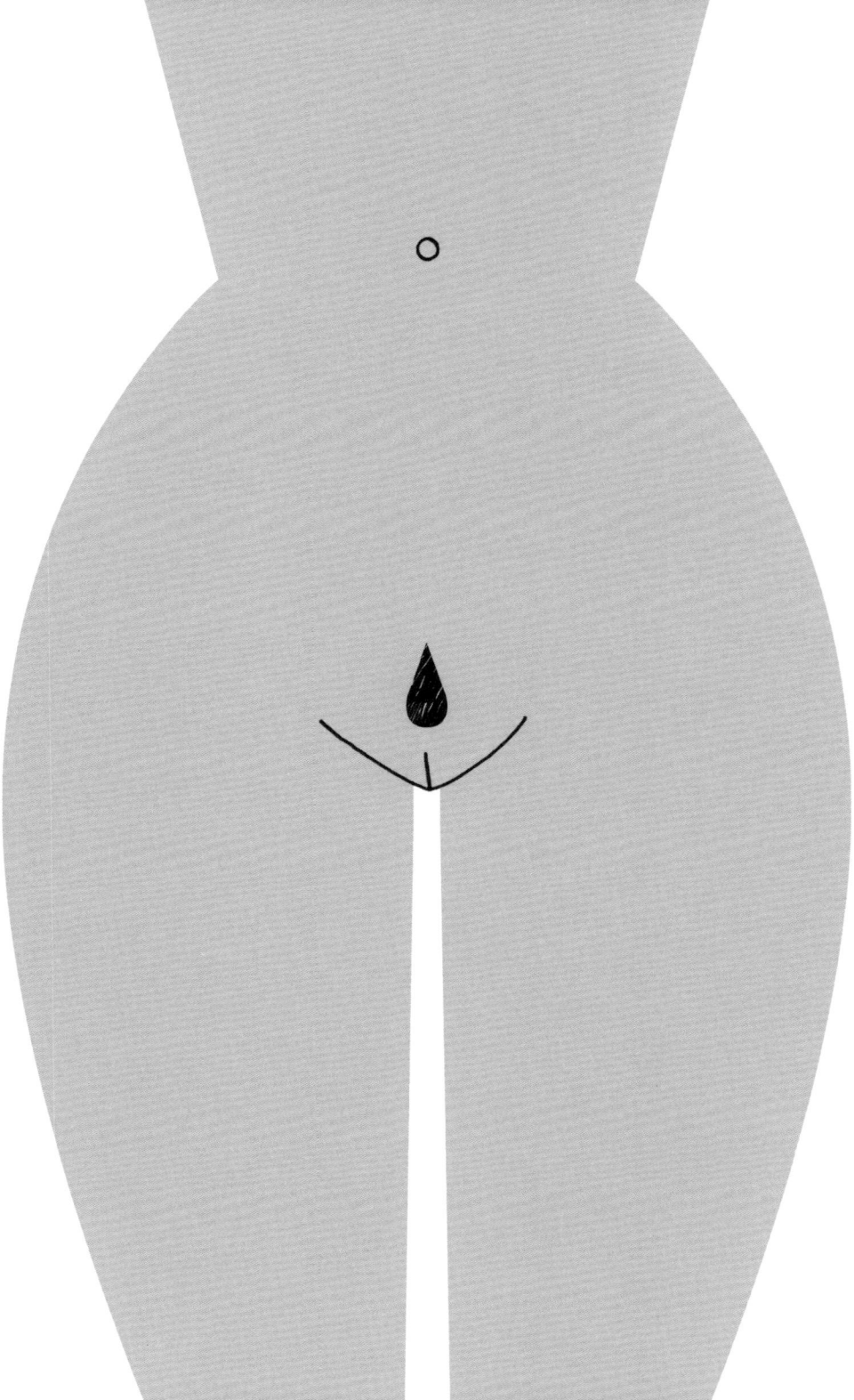

Der Busch

„Die Natur erfreut sich an einer derart großen
Vielfalt, dass keine Pflanze der anderen gleicht;
nicht nur die Pflanzen, auch die Äste, Blätter
und Früchte sind allesamt einzigartig."

Leonardo da Vinci

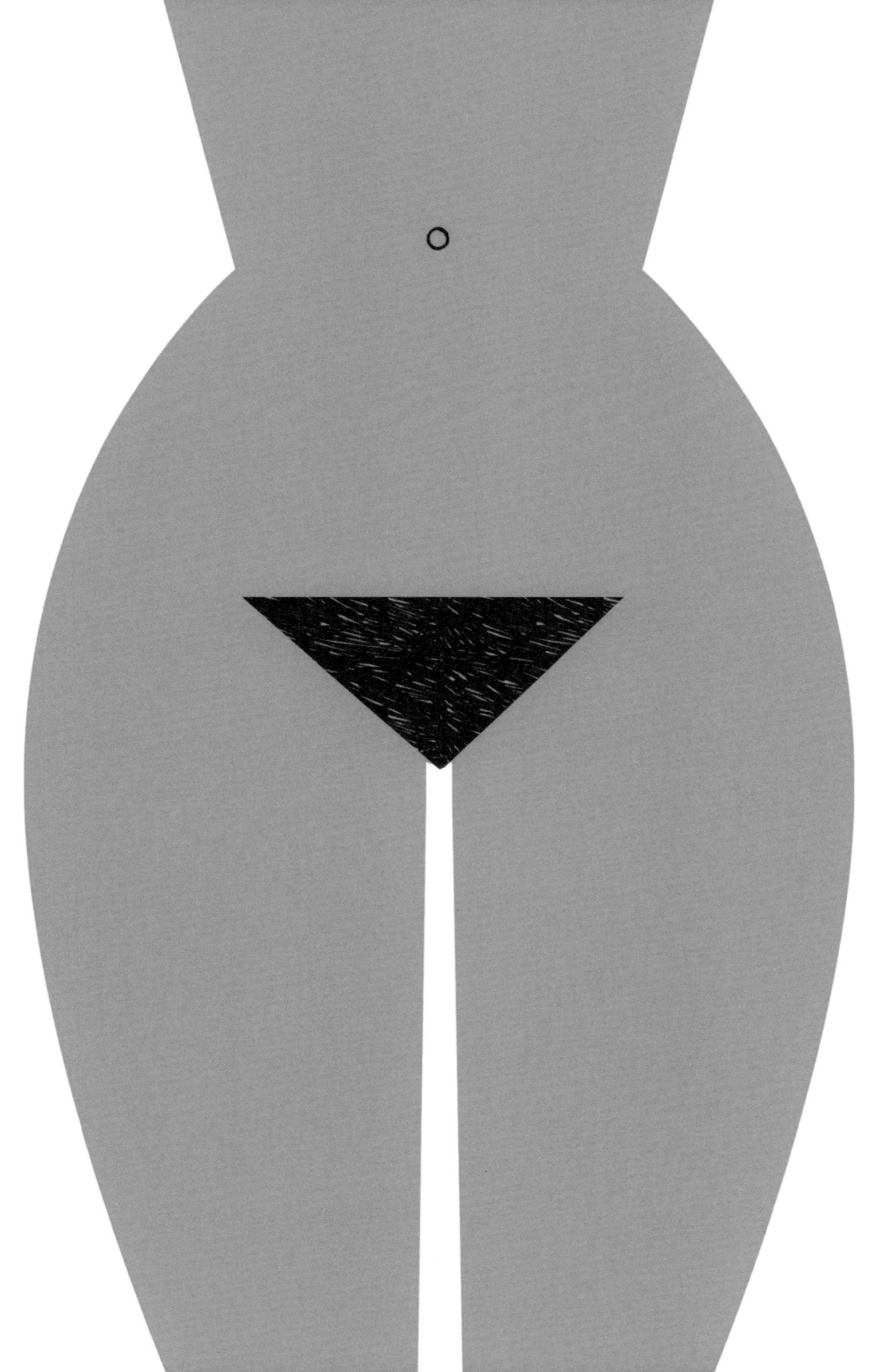

Die pelzigen Lippen

„O Heiligenbild, so will ich's lieblich büßen.
Zwei Pilger, neigen meine Lippen sich, den herben
Druck im Kusse zu versüßen."

William Shakespeare

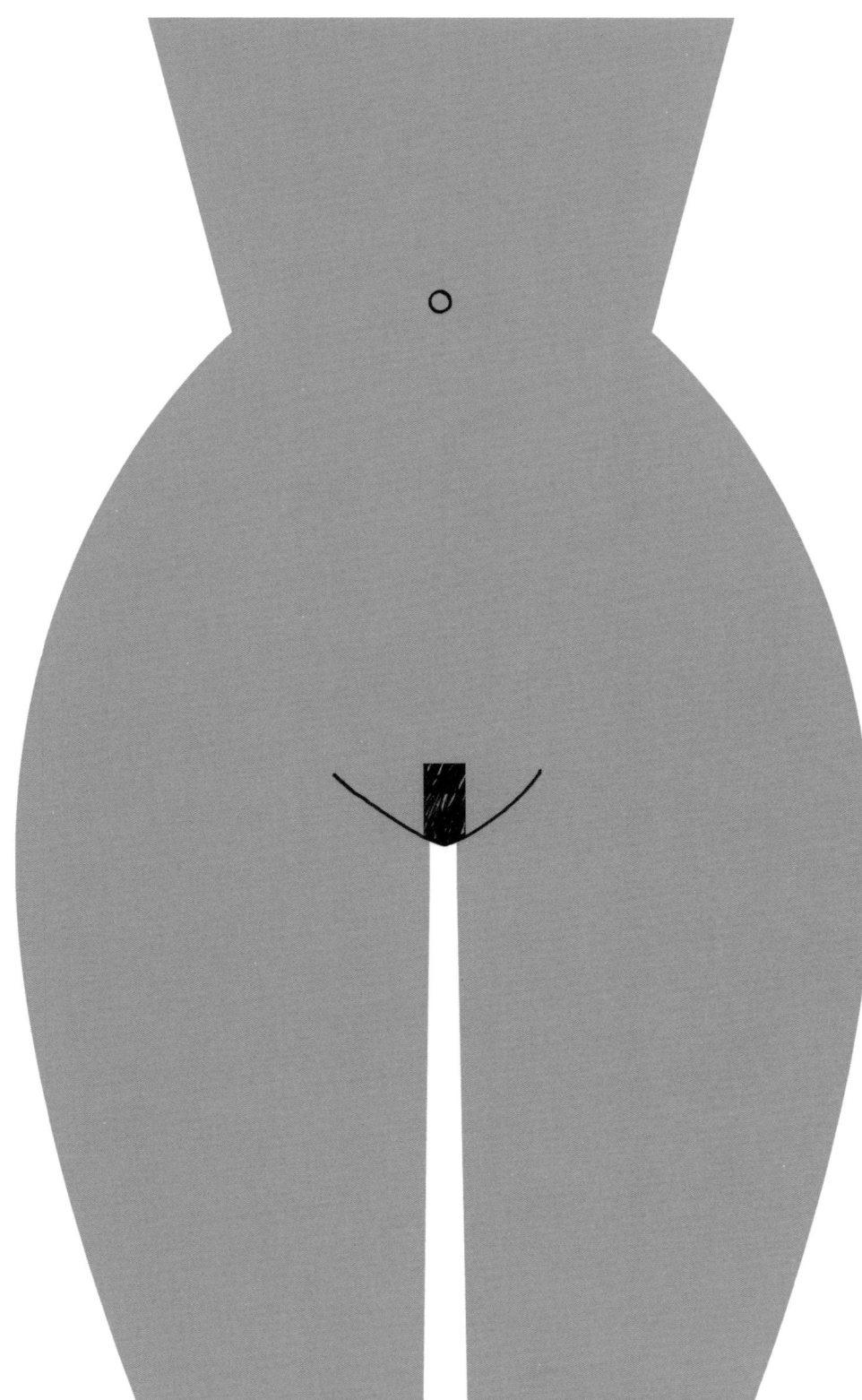

Die Landebahn

„Eine gute Landung heißt, danach noch laufen zu
können. Eine herausragende Landung heißt, mit
dem Flugzeug am nächsten Tag erneut abzuheben."

Chuck Yeager

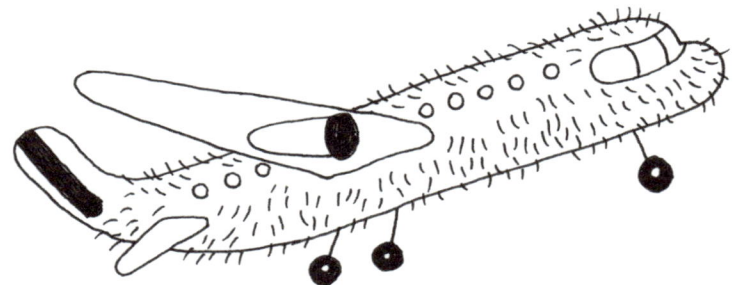

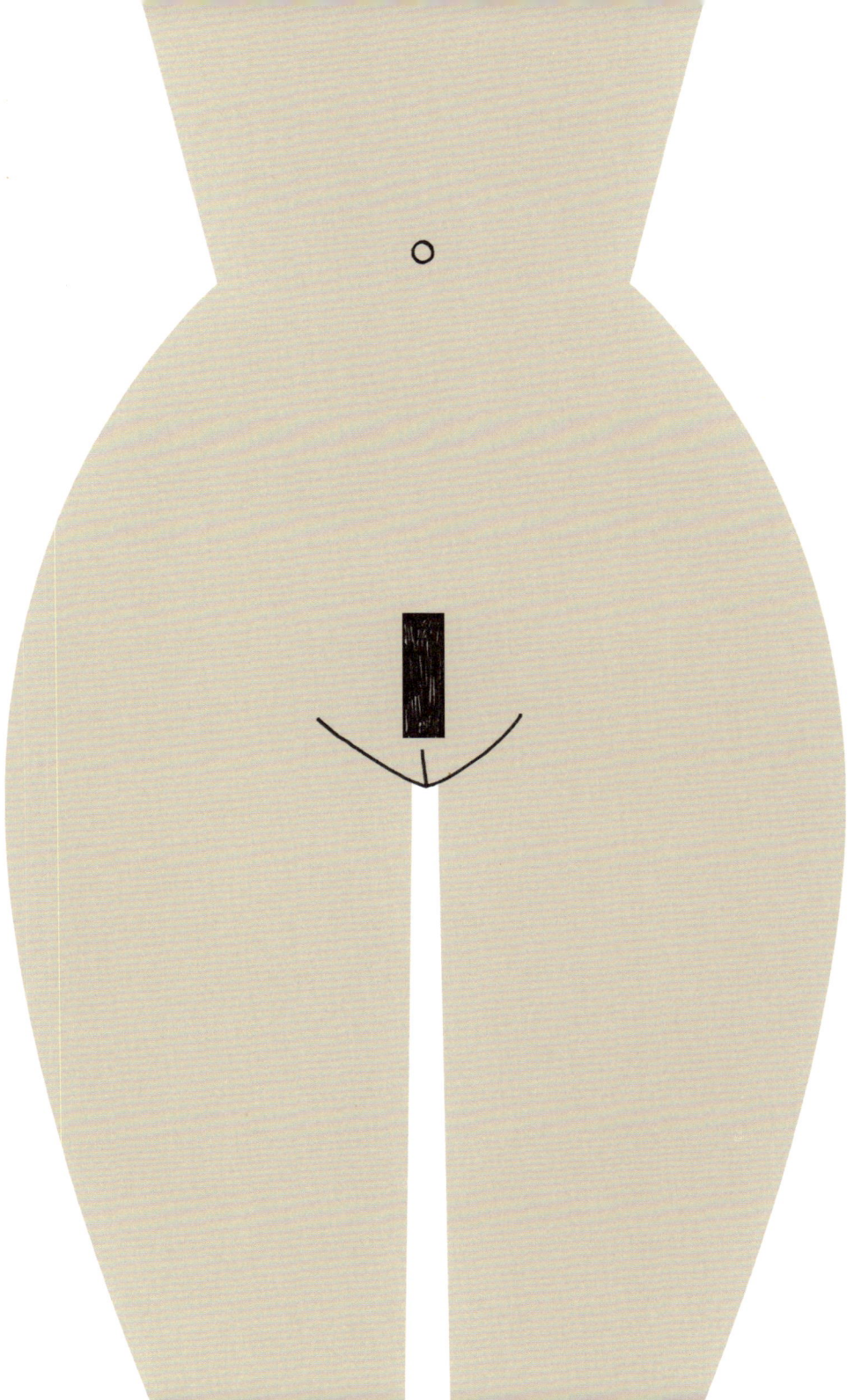

Das Martini Glas

„Glück bedeutet, zwei Oliven im Martini
zu finden, wenn man hungrig ist."

Johnny Carson

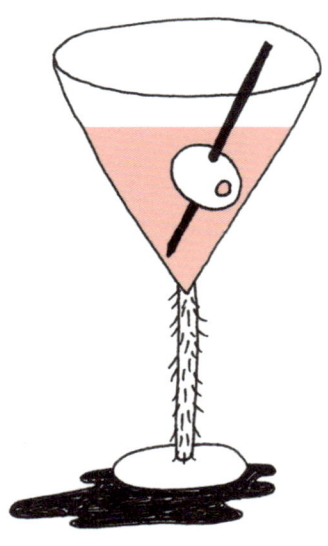

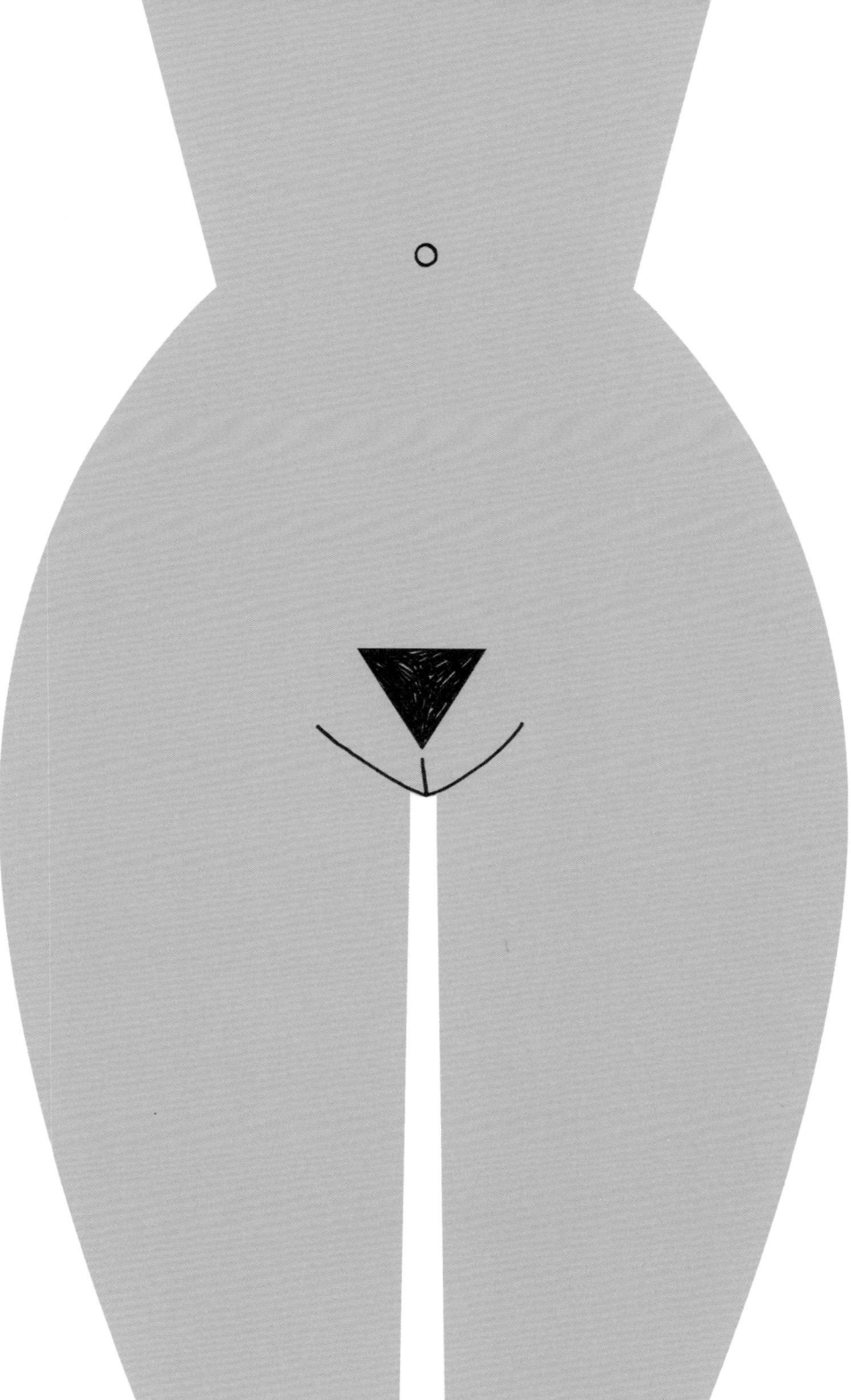

Der Irokese

„Wenn er meine Pussy wie ein Wilder behandelt,
dann kann er mich am Arsch lecken."

Nicki Minaj

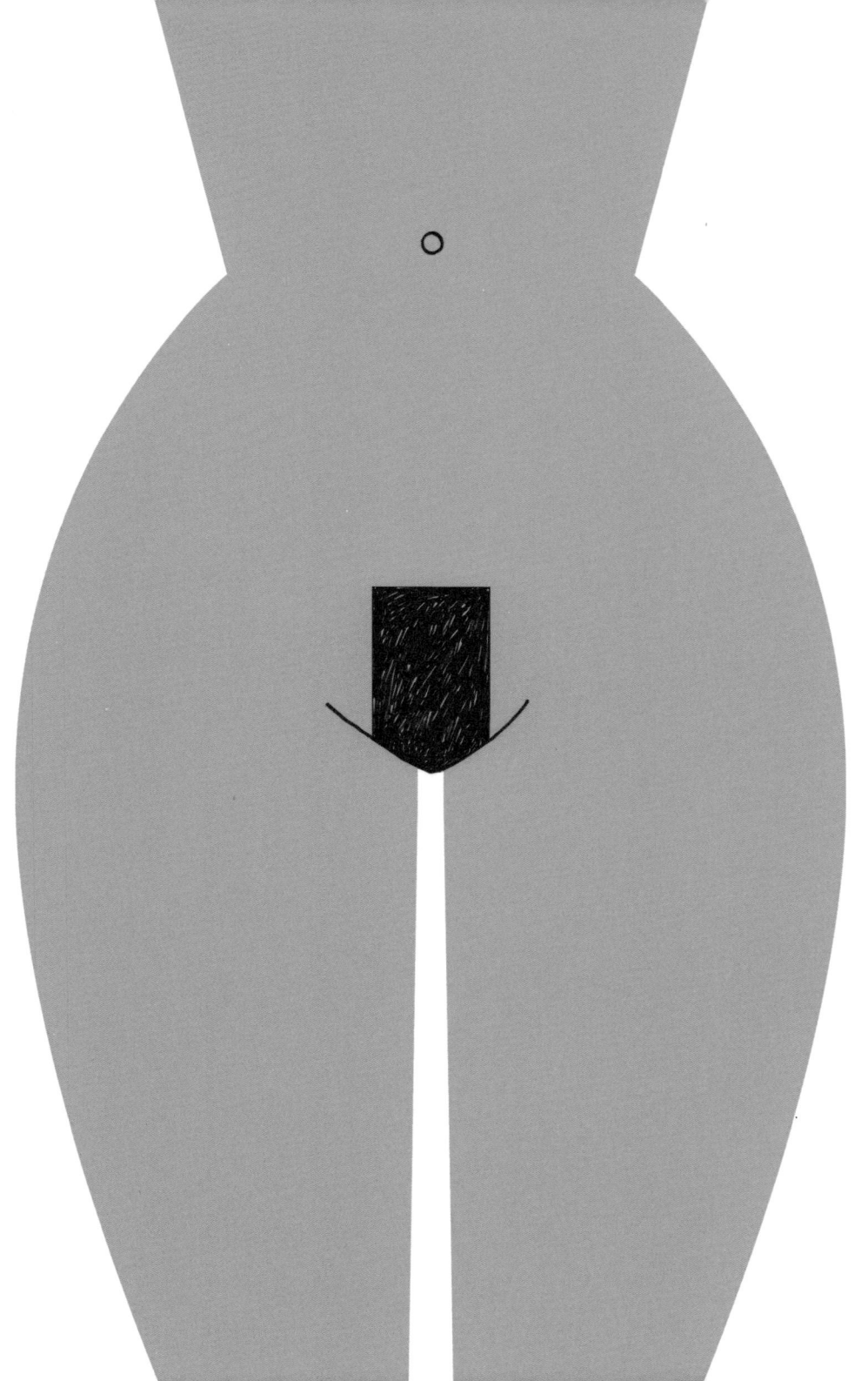

Der Mond

„Ziele auf den Mond. Wenn du ihn verfehlst, triffst du vielleicht einen Stern."

W. Clement Stone

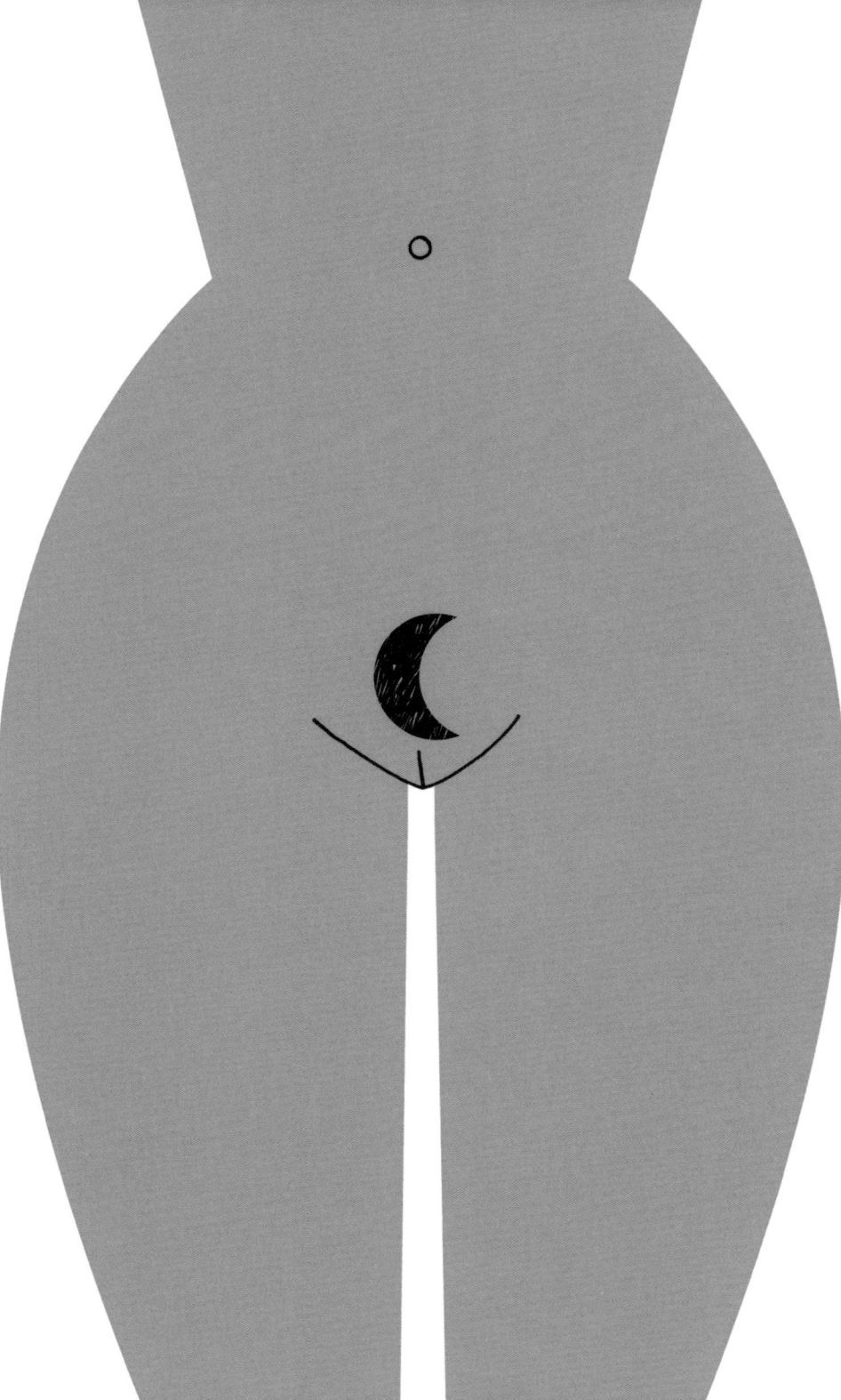

Die Briefmarke

„ich sollte eine Briefmarke sein. Nur so kann ich je geleckt werden."

Muhammad Ali

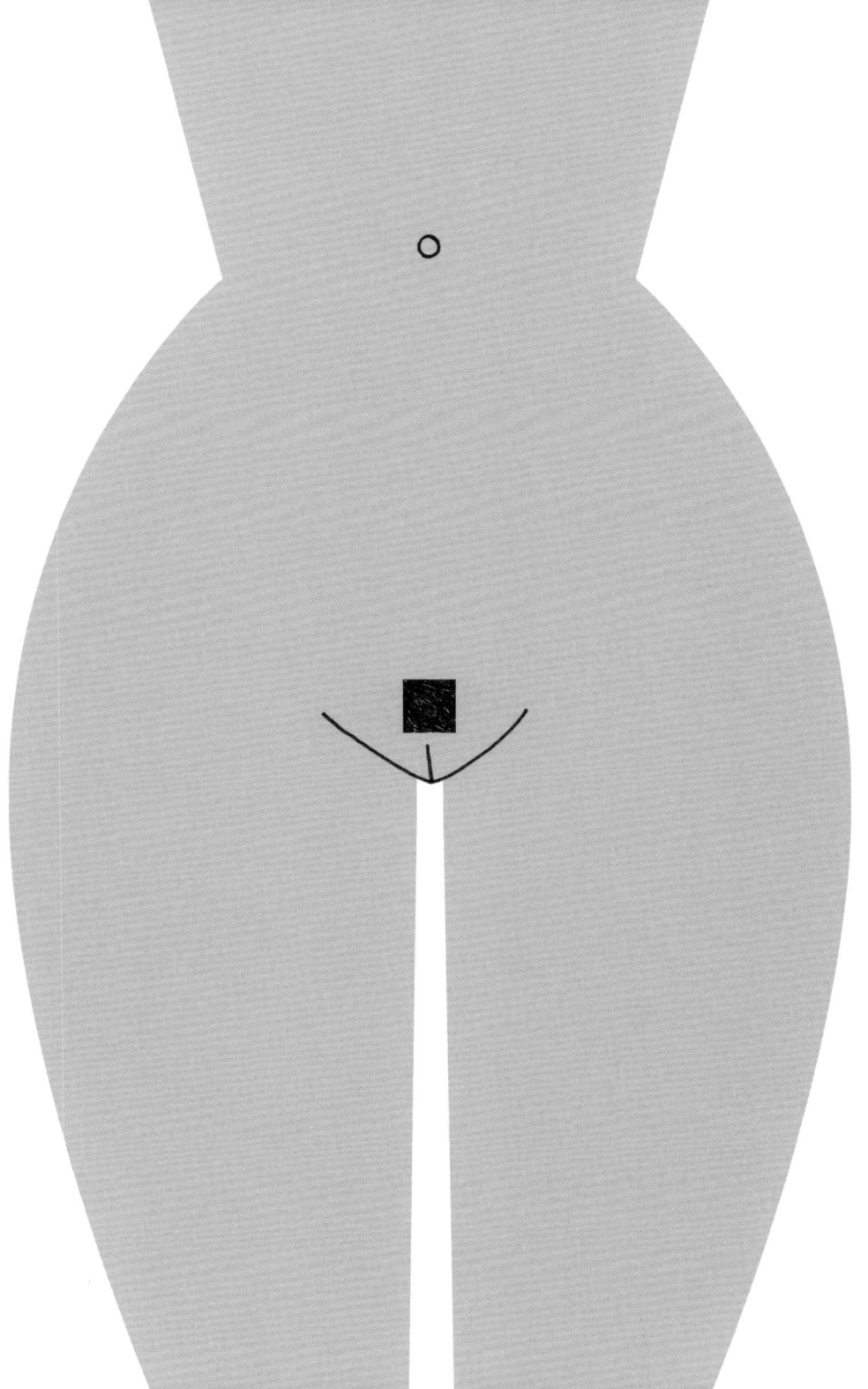

Der runde Knopf

„So klein ein Kreis auch sein mag,
so ist er doch mathematisch schön
und perfekt wie ein großer Kreis."

isaac D'israeli

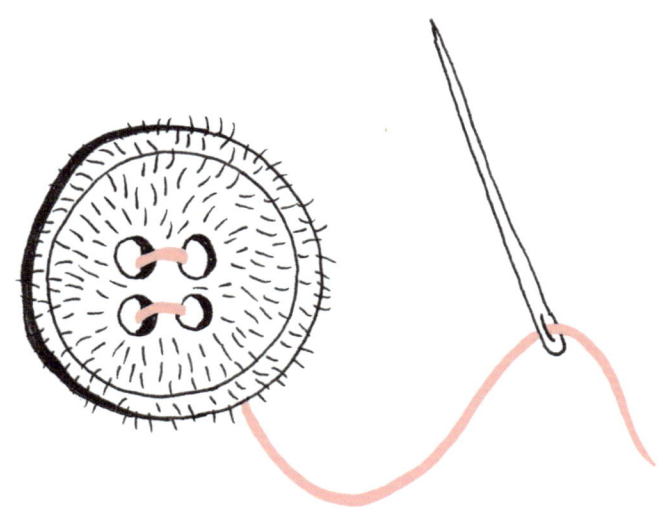

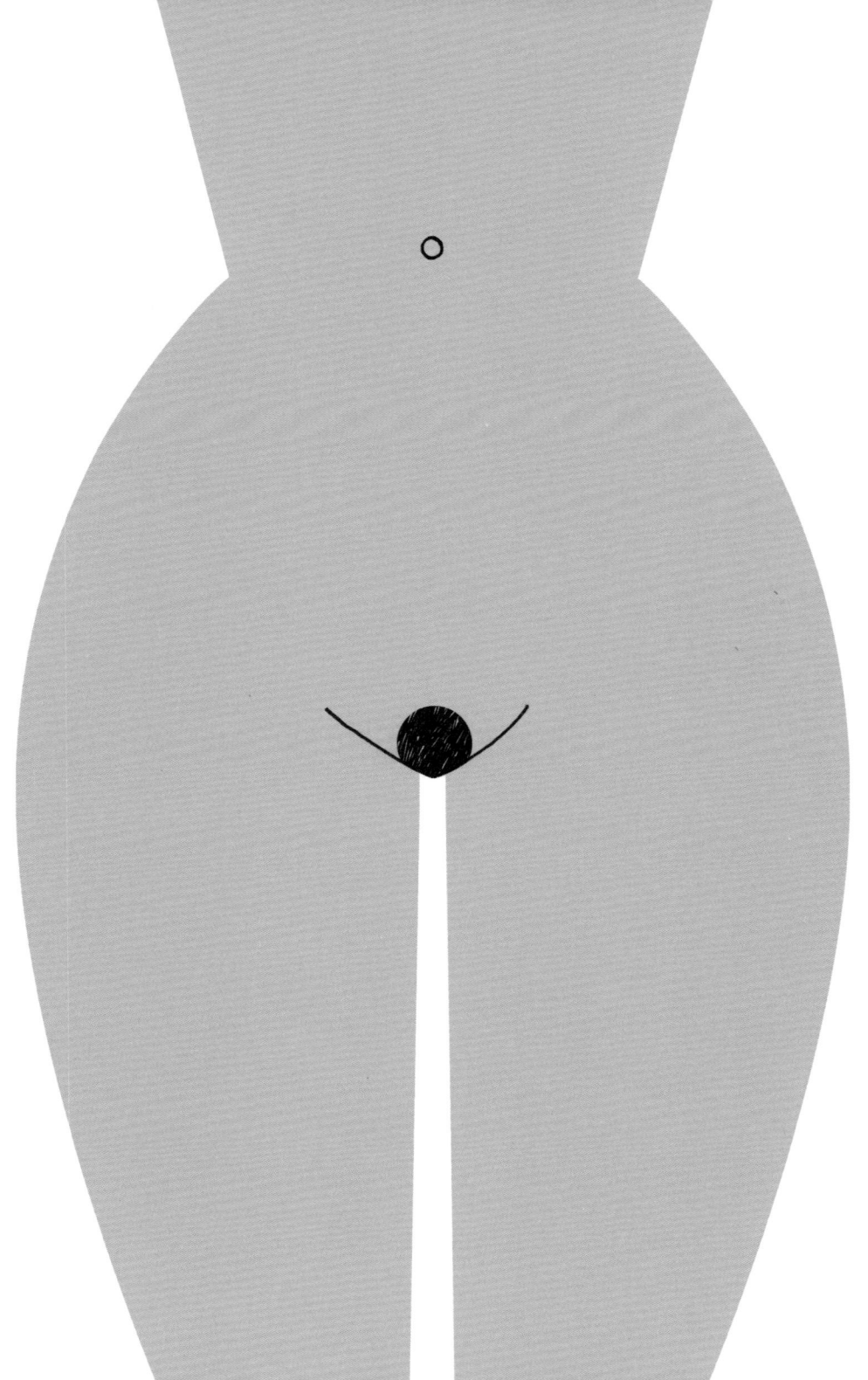

Das V wie Vendetta

„Das Ende ist näher als du denkst, es steht schon geschrieben. Jetzt müssen wir nur noch den richtigen Anfangsmoment wählen."

Alan Moore

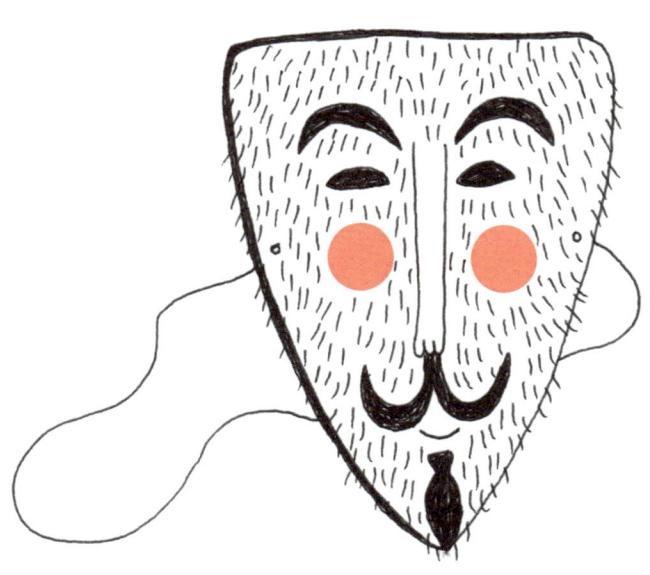

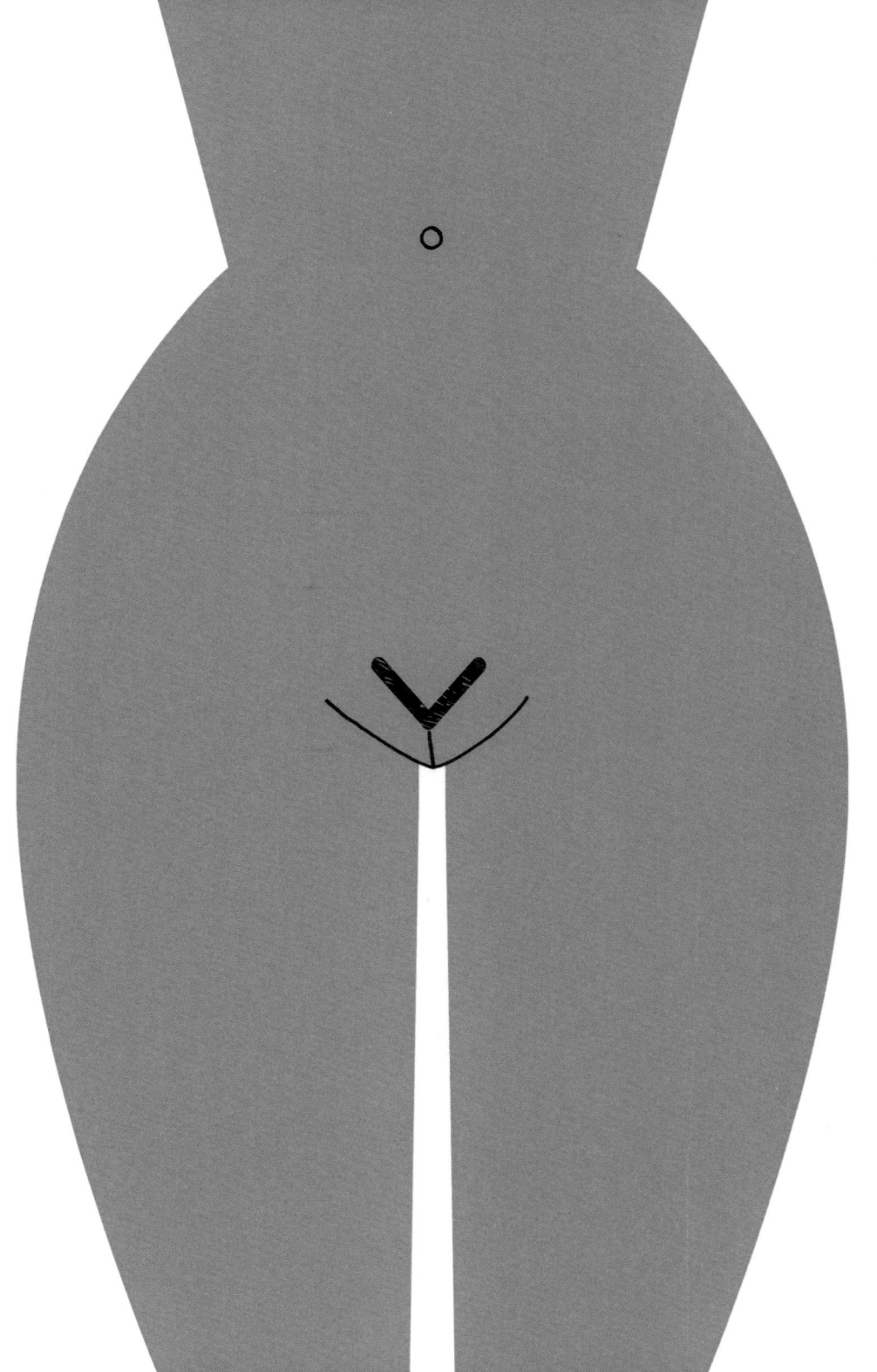

DeR Bikini

„Ein Mädchen in einem Bikini ist wie eine geladene Pistole auf deinem Sofatisch. Es ist nichts falsch daran, aber es ist schwer, nicht daran zu denken."

GaRRison KeilloR

Der Brazilian Cut

„So nackt wie die Bergspitzen, nackt voller Erhabenheit."

Matthew Arnold

48

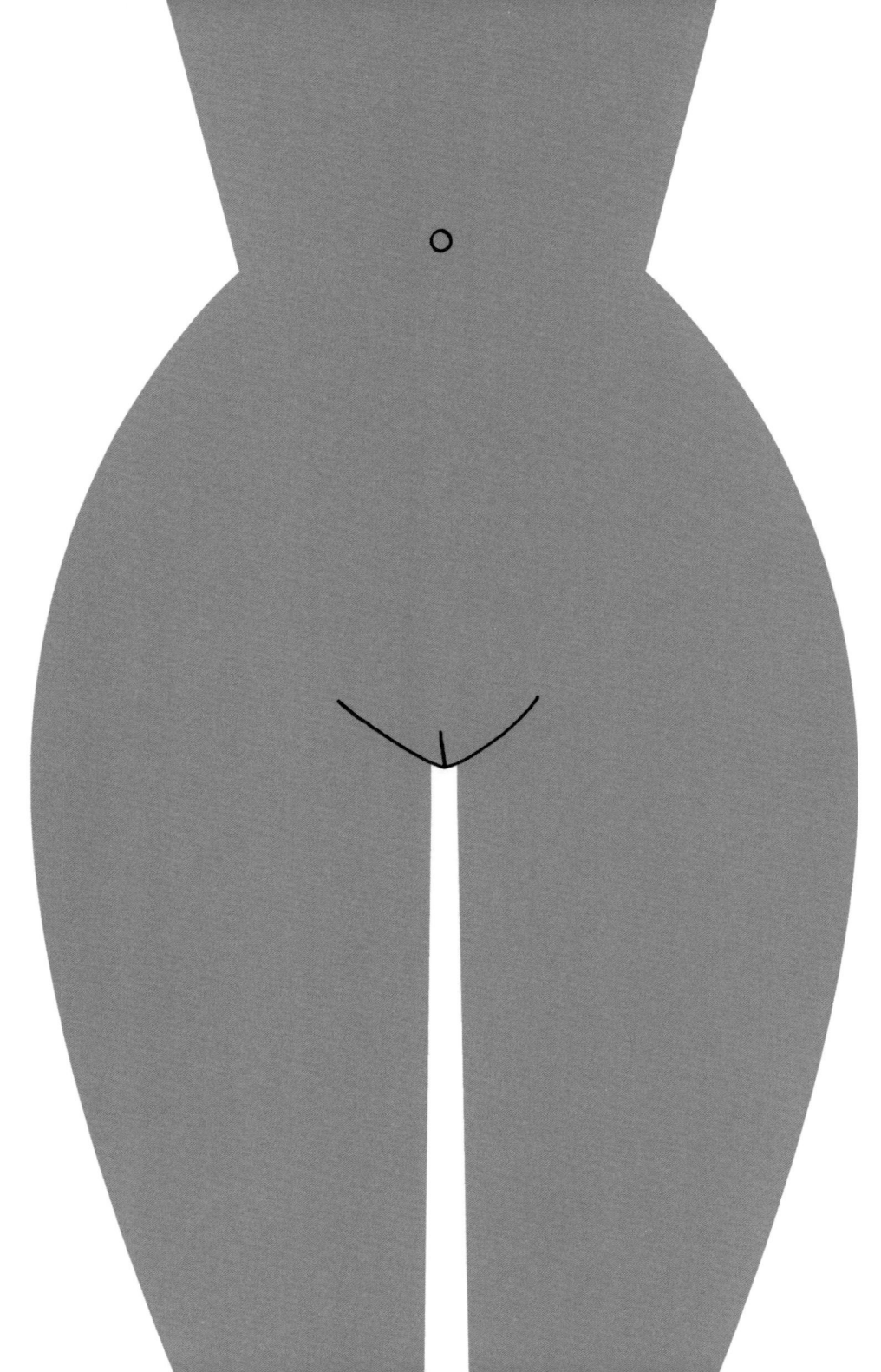

Das runde Käppchen

„Kreise werden verehrt, nicht wenn sie groß
sind, sondern wenn sie exakt rund sind."

Edmund Waller

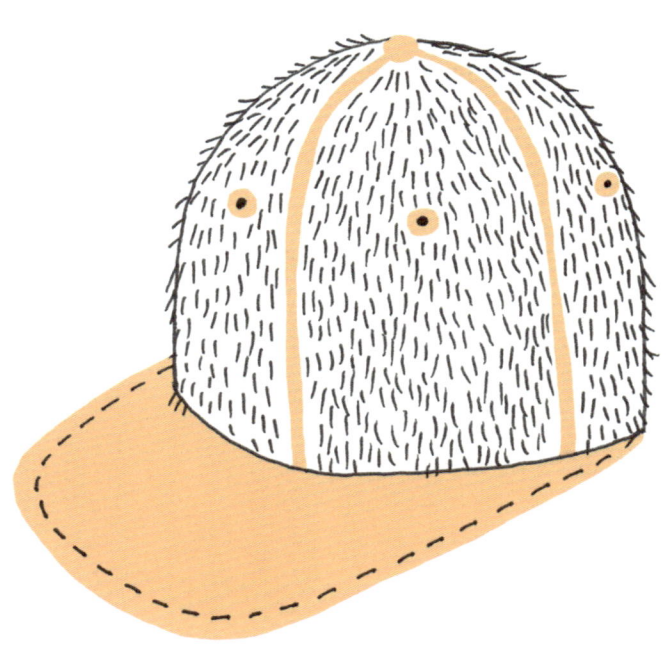

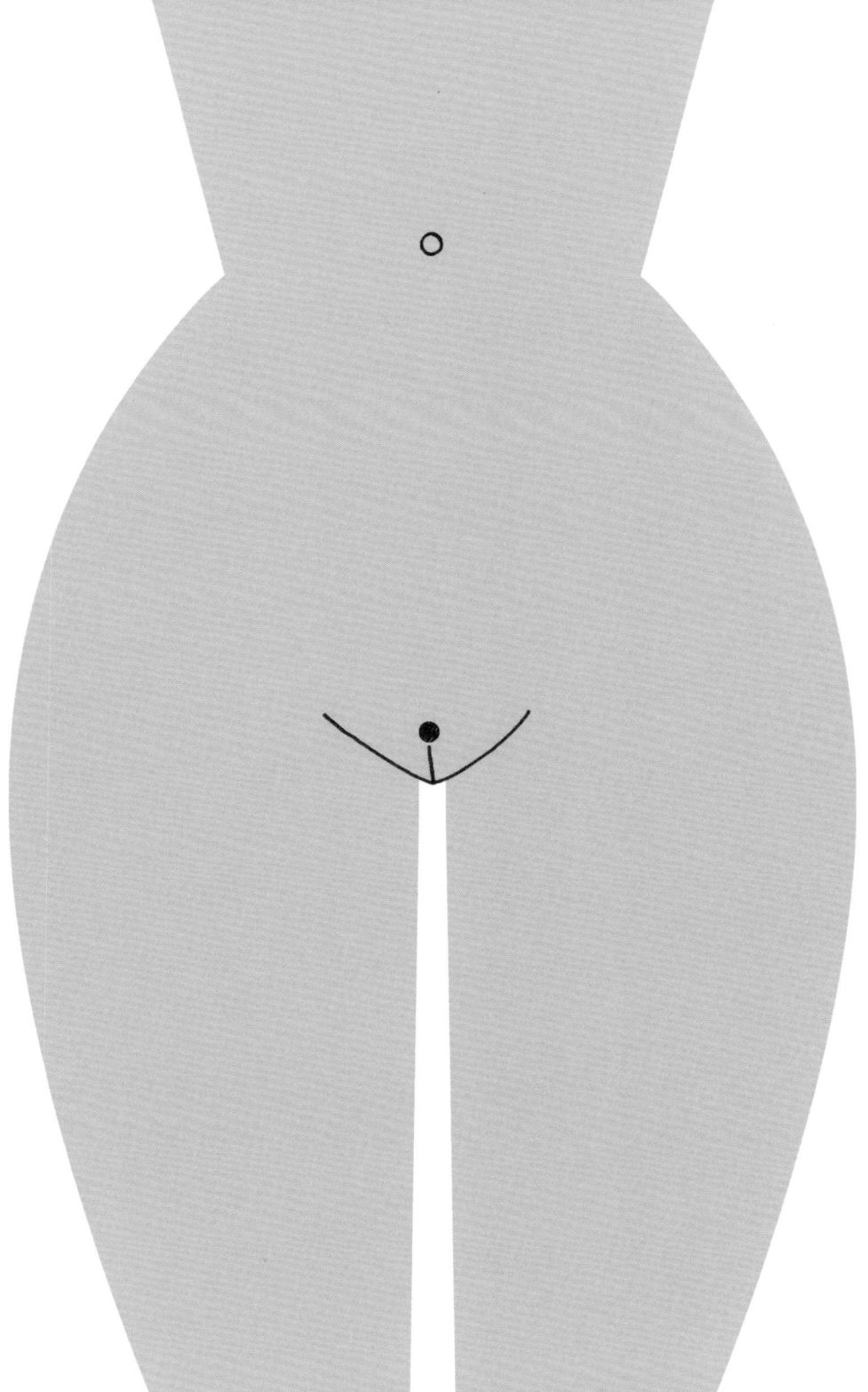

Das Herz

„Hier mein Geheimnis. Es ist ganz einfach:
Man sieht nur mit dem Herzen gut.
Das Wesentliche ist für die Augen unsichtbar."

Antoine de Saint-Exupéry

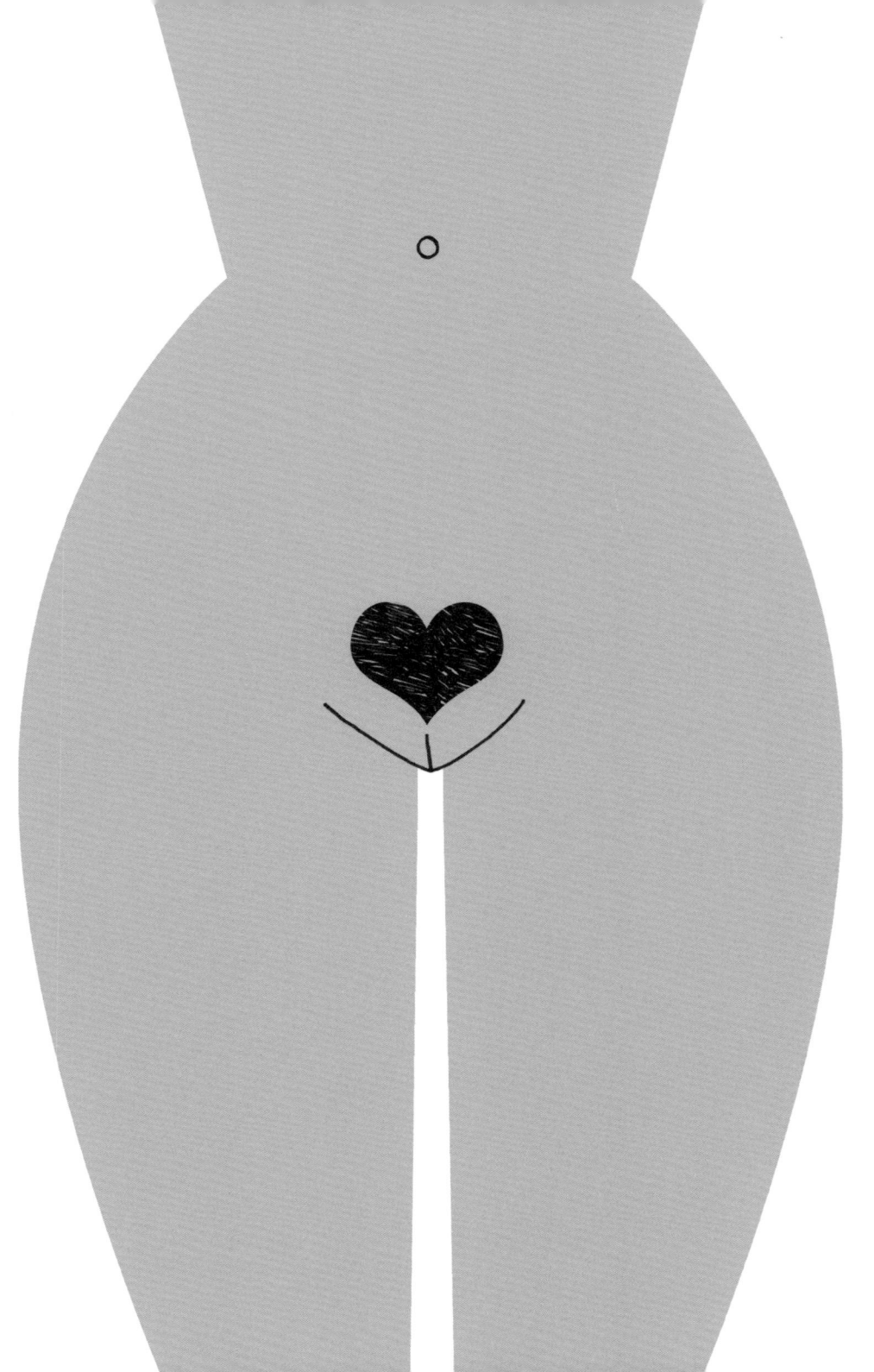

Die lange Linie

„Nichts an einer Raupe sagt dir, dass sie ein Schmetterling werden wird."

R. Buckminster Fuller

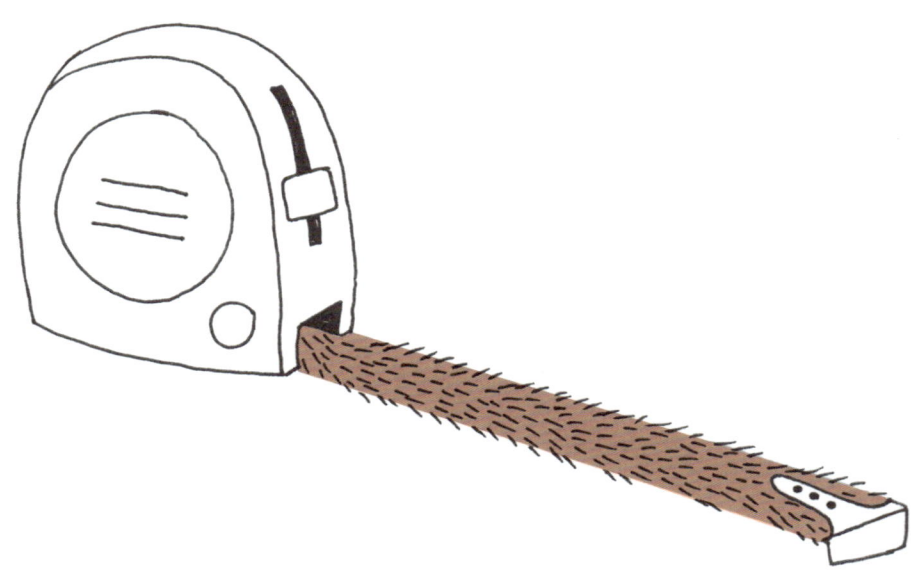

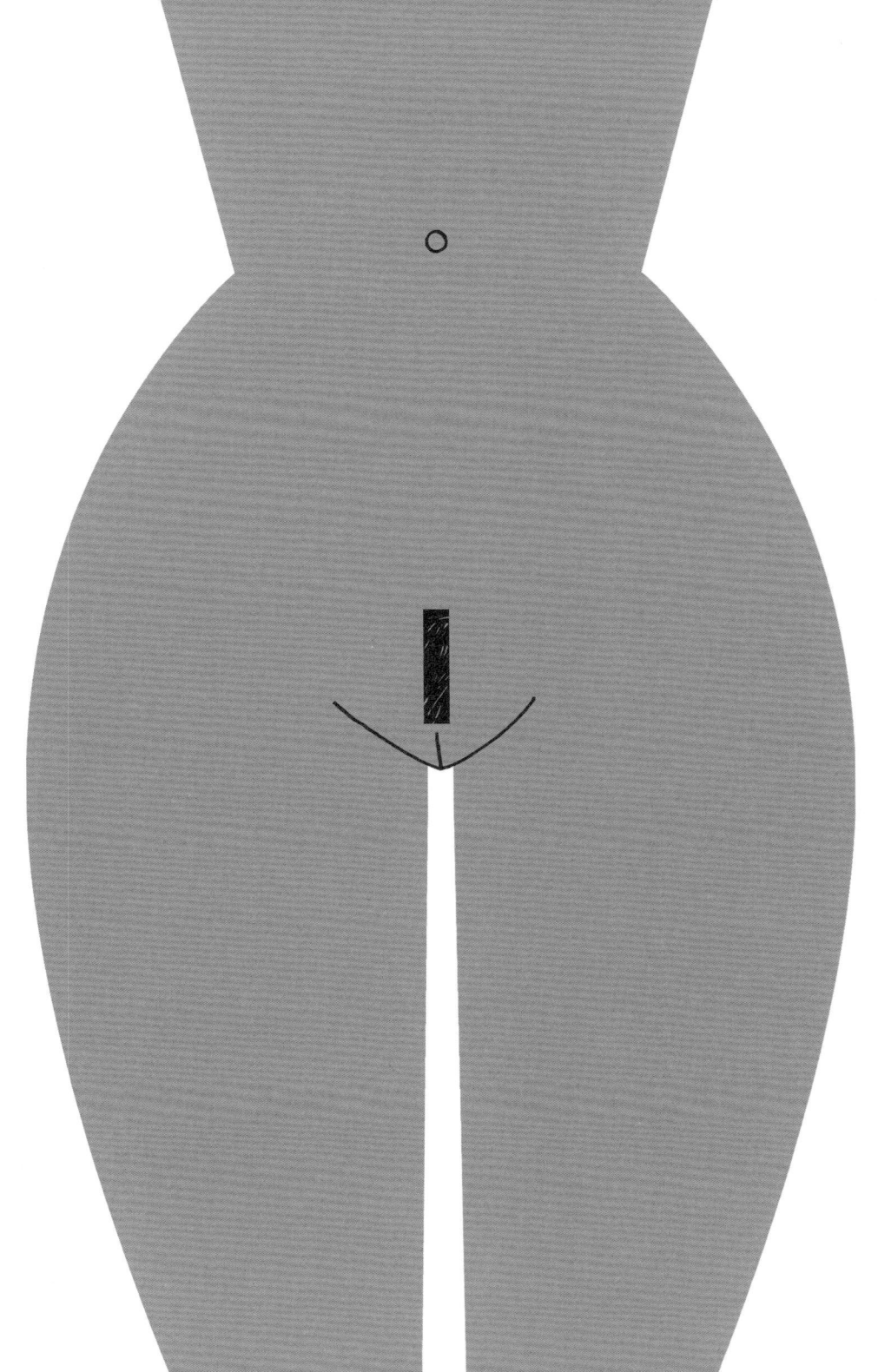

Der Stift

„ich bin ein Bleistift in der Hand Gottes,
der einen Liebesbrief an die Welt schreibt."
Mutter Teresa

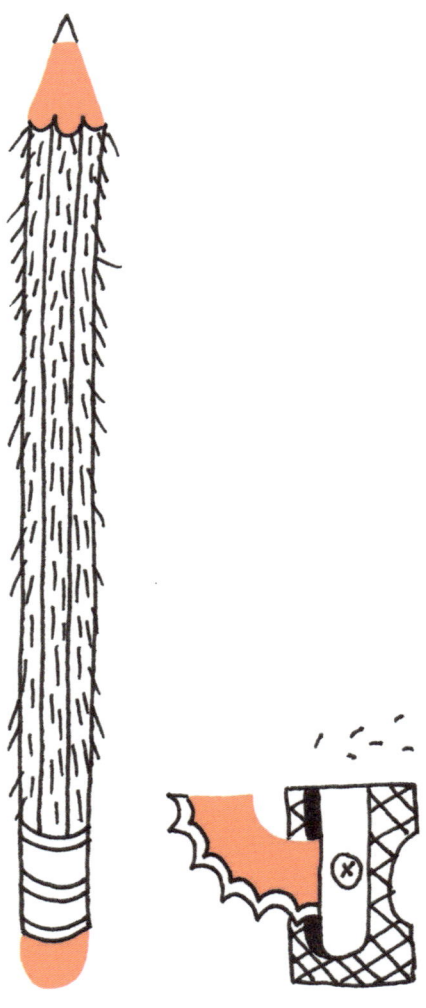

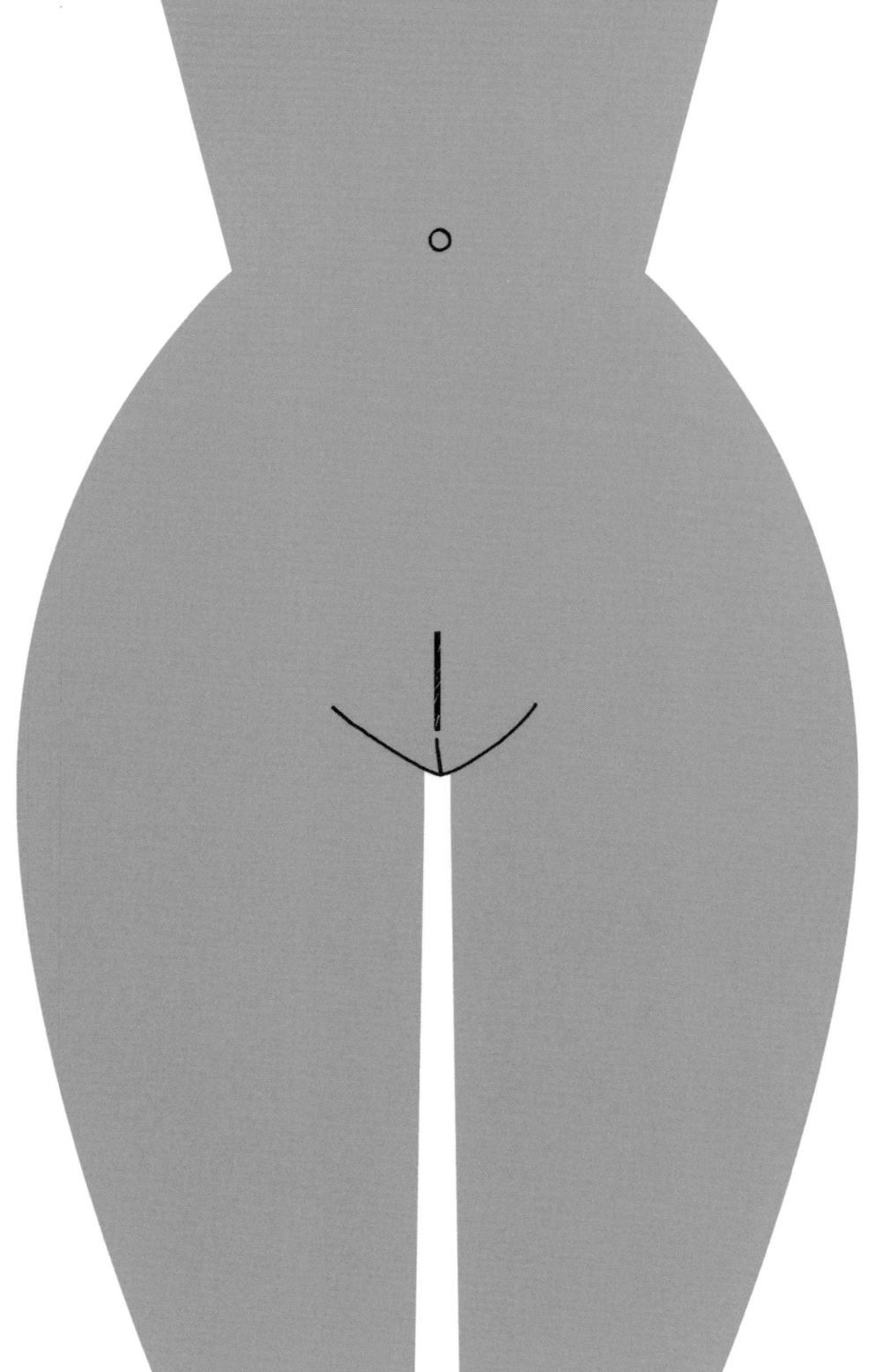

Das Quadrat

„Wenn ich in meinem rechteckigen Kreis angekommen bin, bin ich zu Hause."

Floyd Mayweather Junior

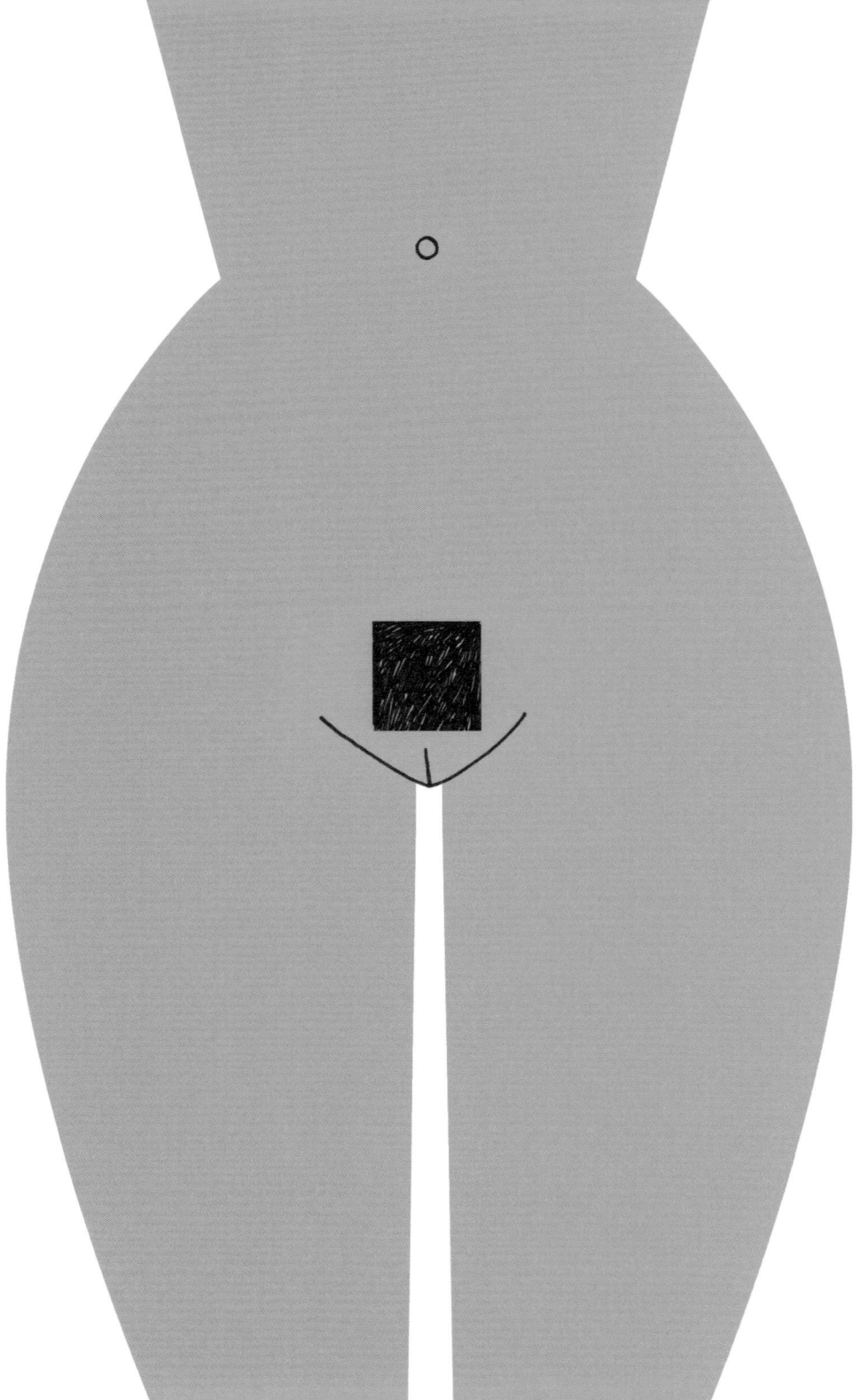

Der Stern

„Wir liegen alle in der Gosse, aber
einige von uns betrachten die Sterne."

Oscar Wilde

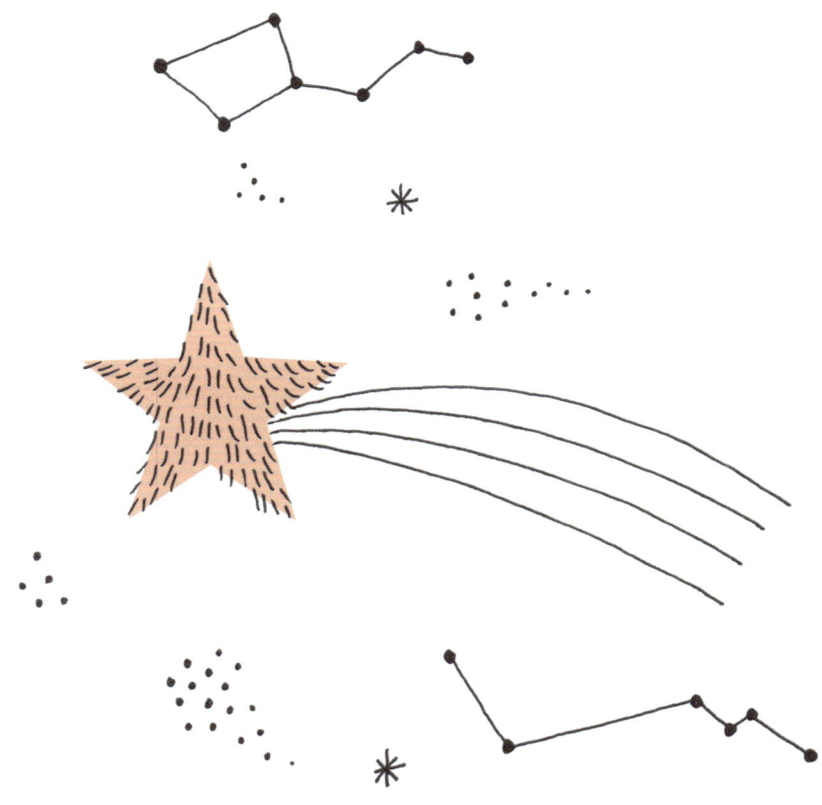

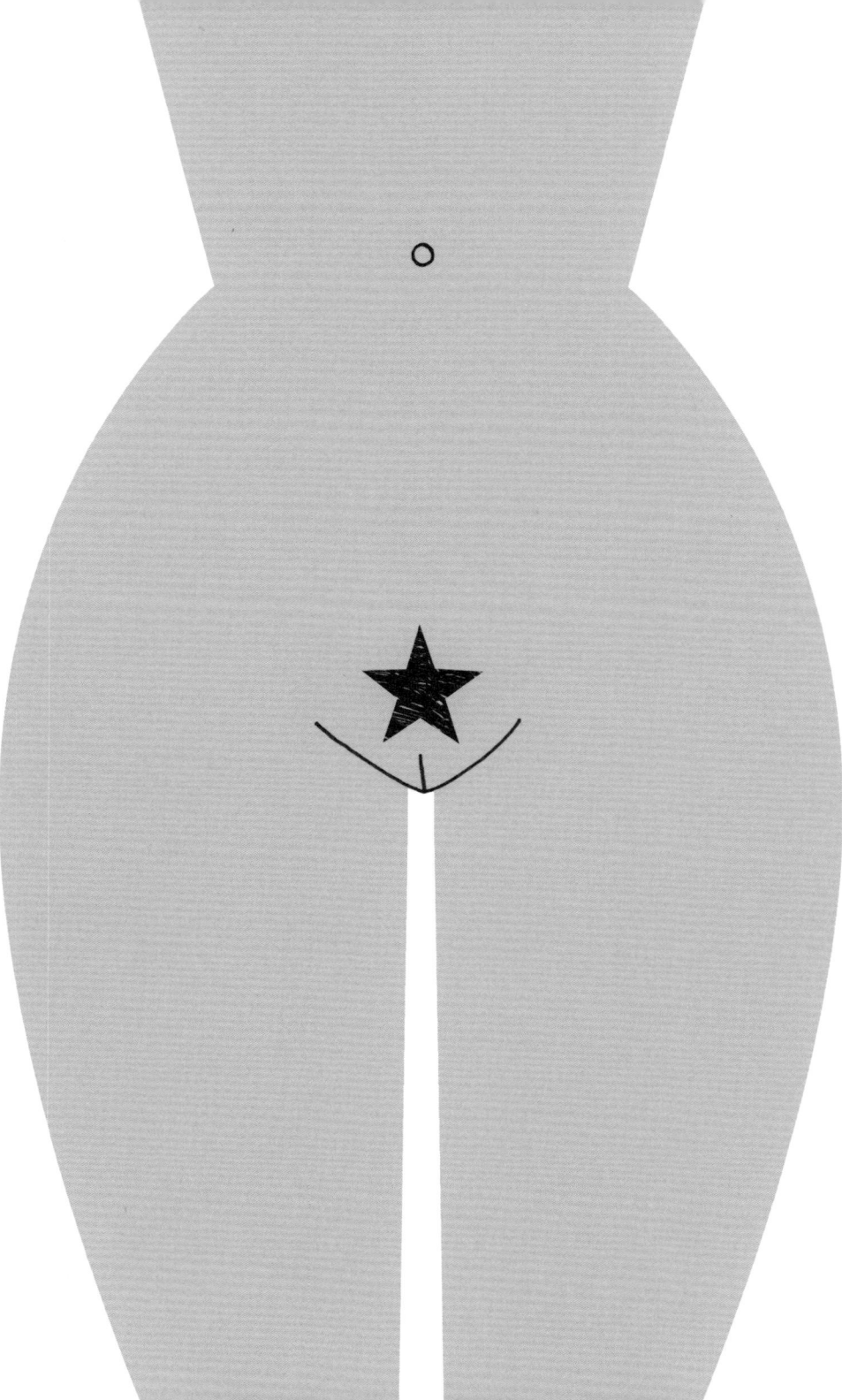

Das Weinglas

„Wɪʀ sind alle sterblich, bis zum ᴇʀsten Kuss und dem zweiten Glas Wein."

Eduardo Galeano

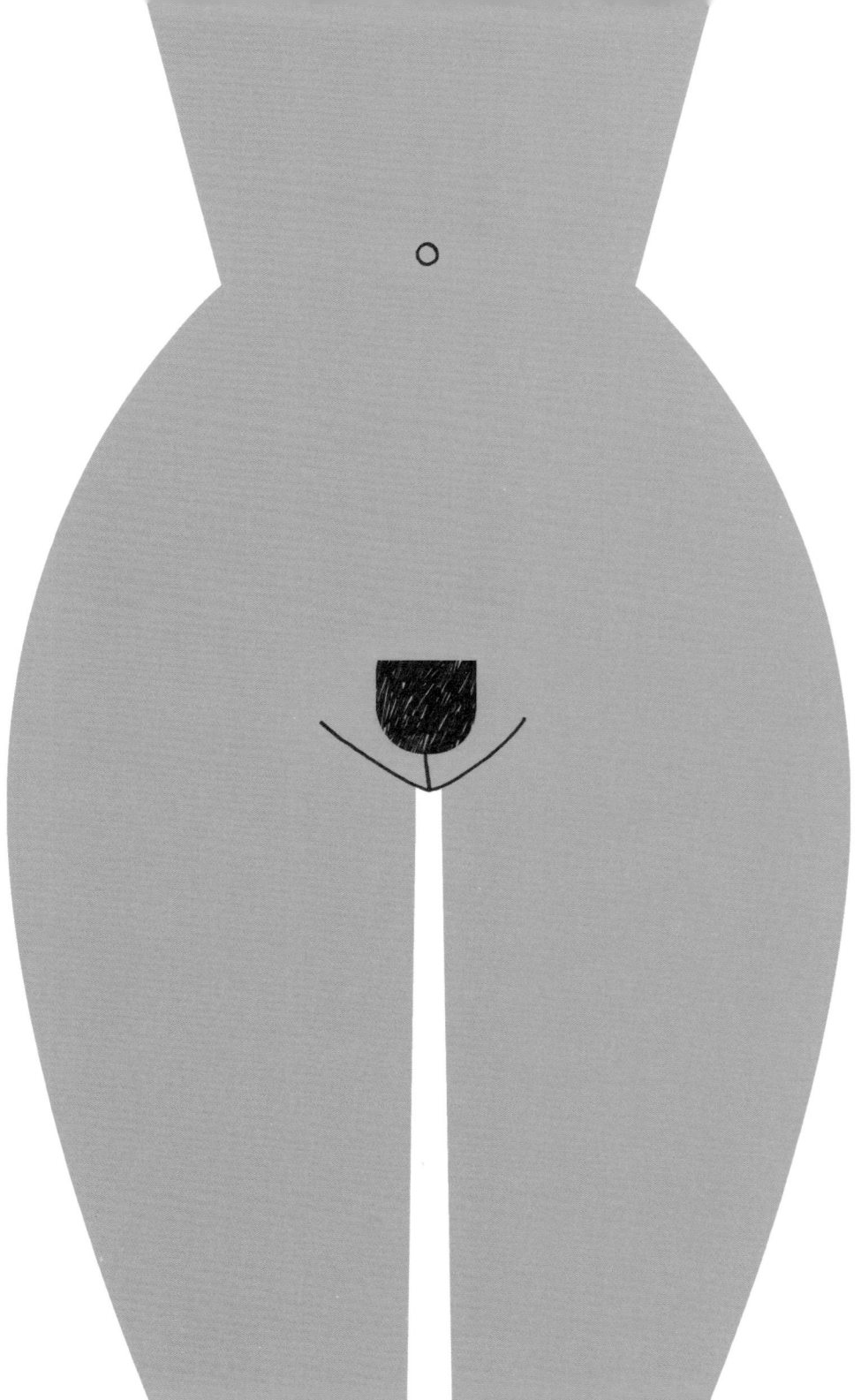

Der Blitz

„Öffne deinen Mund, schließe die Augen
und siehe, was Zeus dir senden wird."

Aristophanes

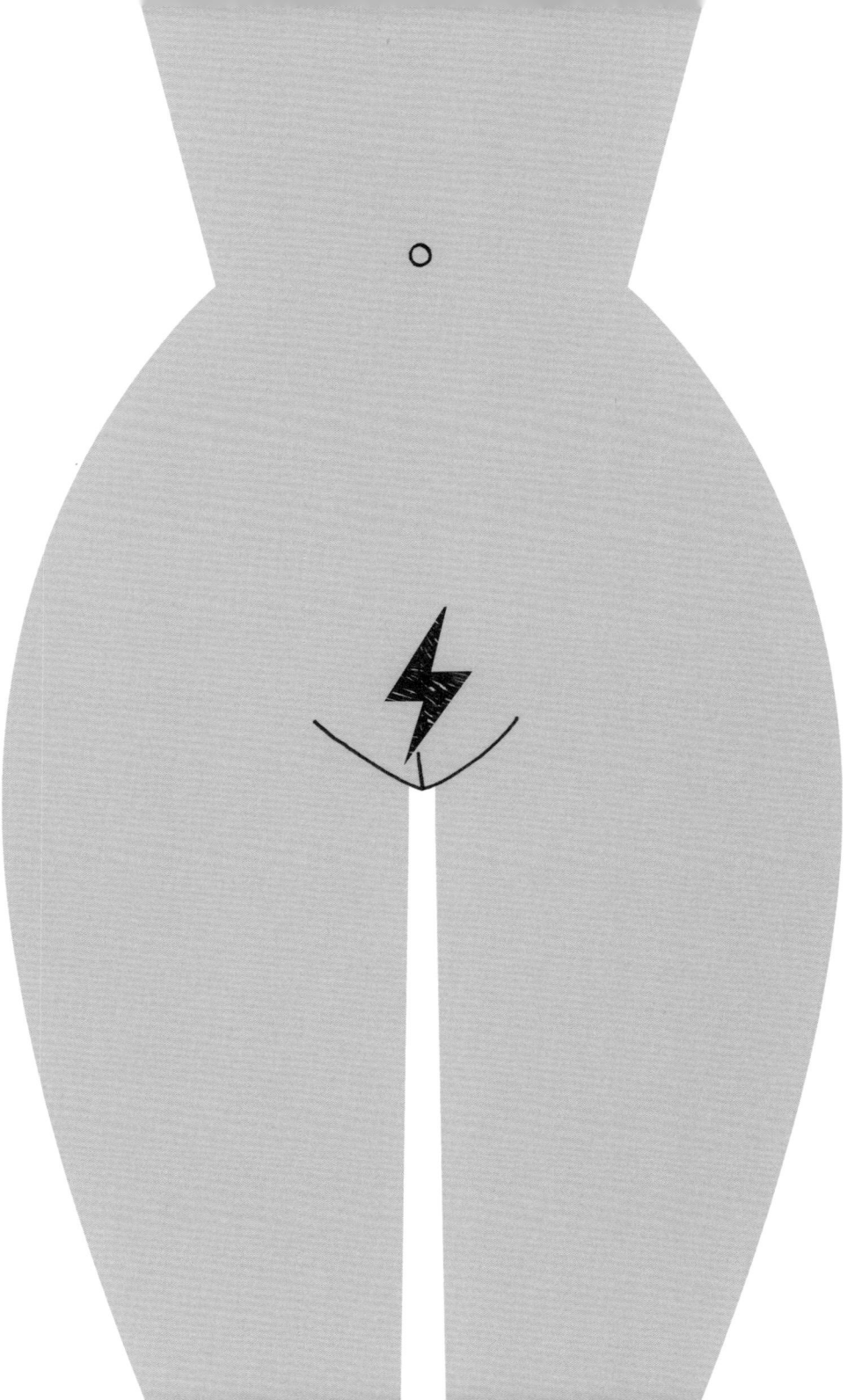

Der Pfeil

„Manch ein Amor tötet mit Pfeilen,
mancher mit Fallen."

William Shakespeare

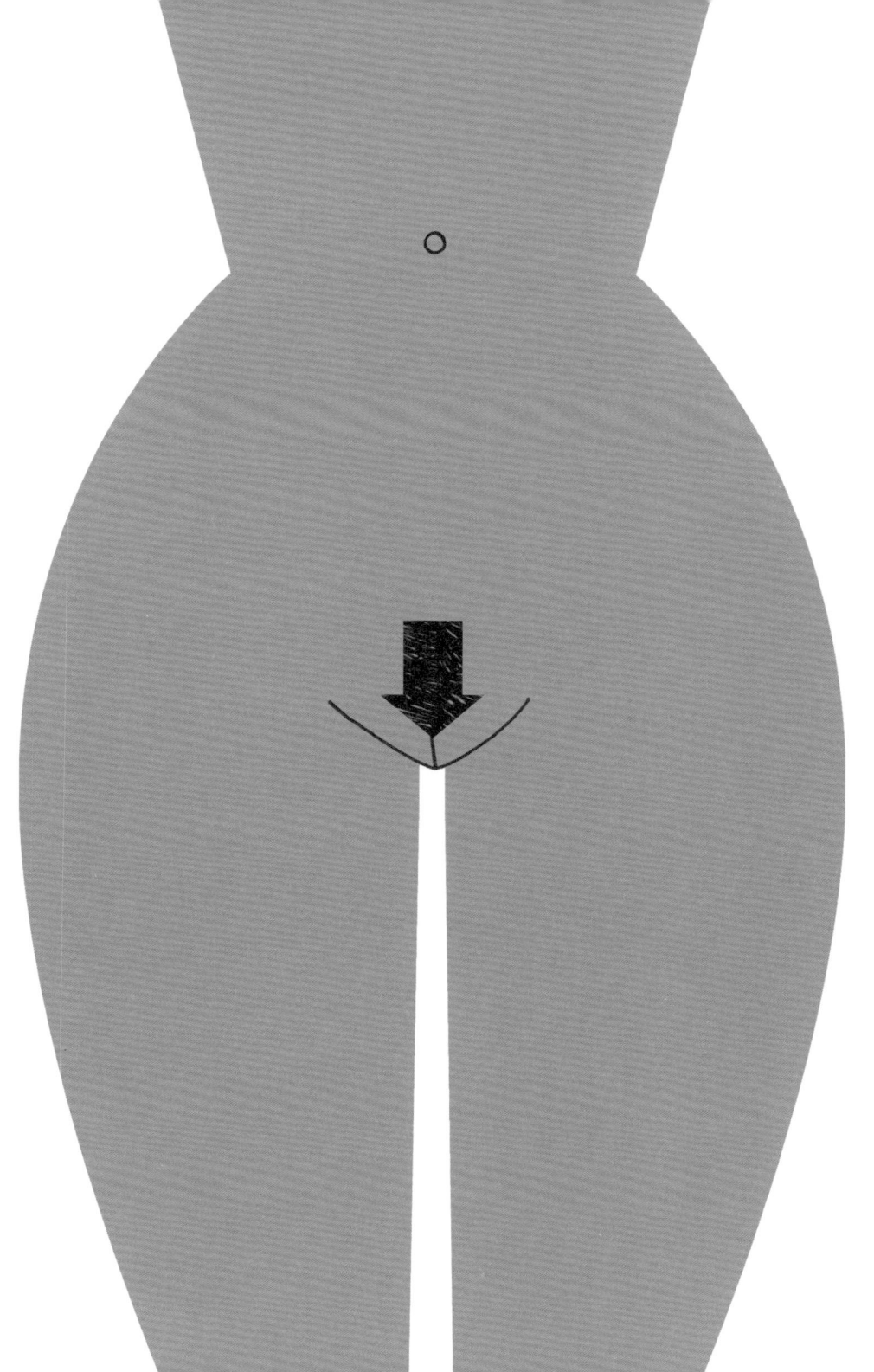

Der Schmetterling

„ich wünsche beinahe, wir wären Schmetterlinge
und lebten nur drei Sommertage; drei solche
Tage mit dir könnte ich mit mehr Entzücken füllen
als fünfzig gewöhnliche Jahre jemals enthalten
könnten."

John Keats

Der Diamant

„Es ist geschmacklos, Diamanten zu tragen,
bevor man vierzig ist."

Truman Capote

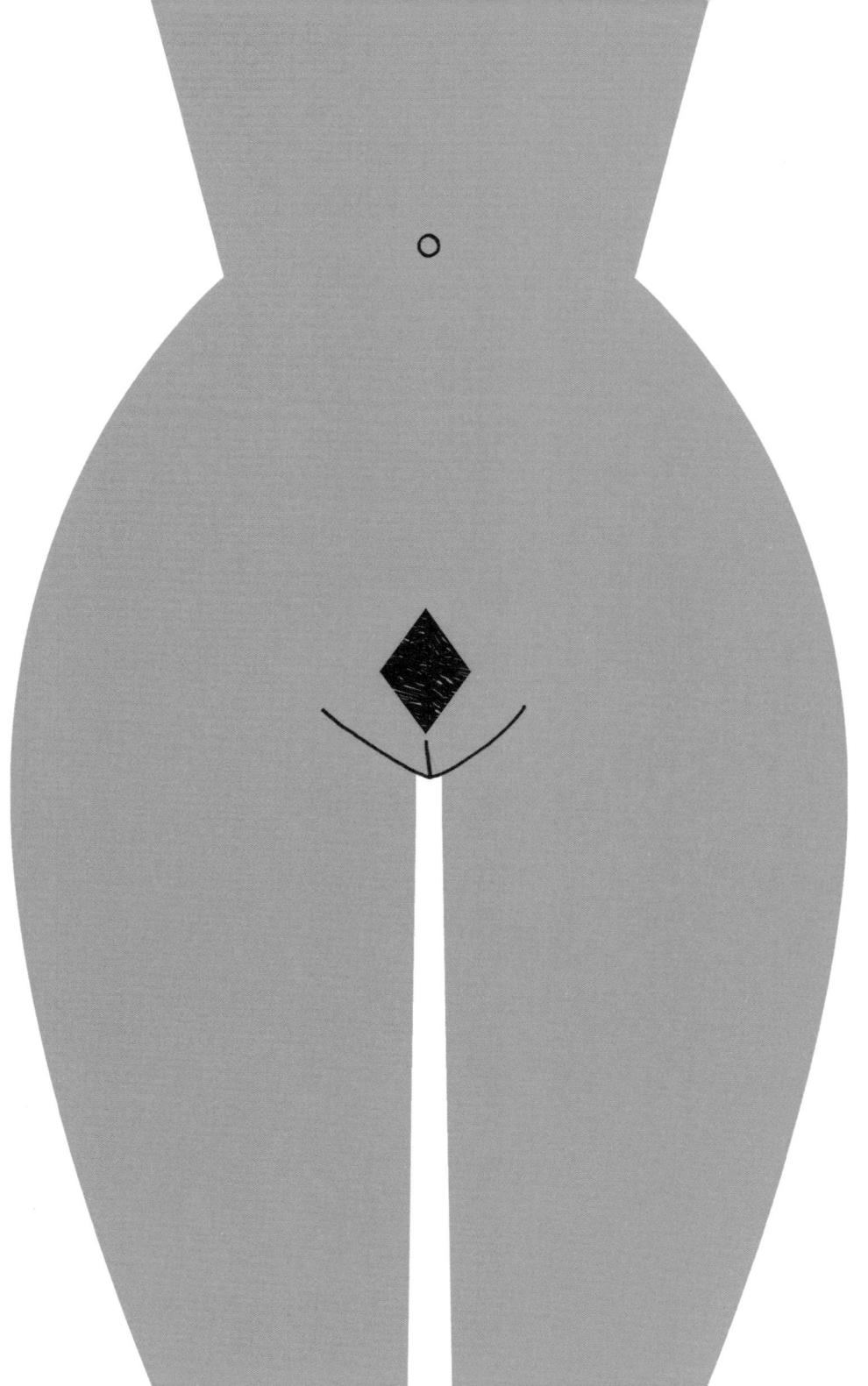

Die Krankenschwester

„ich kenne einen Mann, der gab das Rauchen auf,
das Trinken, Sex und ungesundes Essen.
Er war sehr gesund, bis zu dem Tag, an dem er
sich sein Leben nahm.“

Johnny Carson

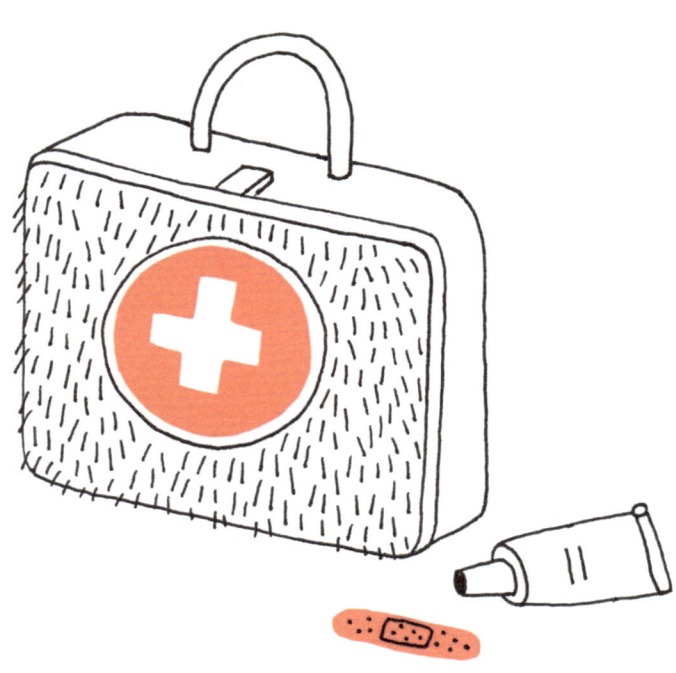

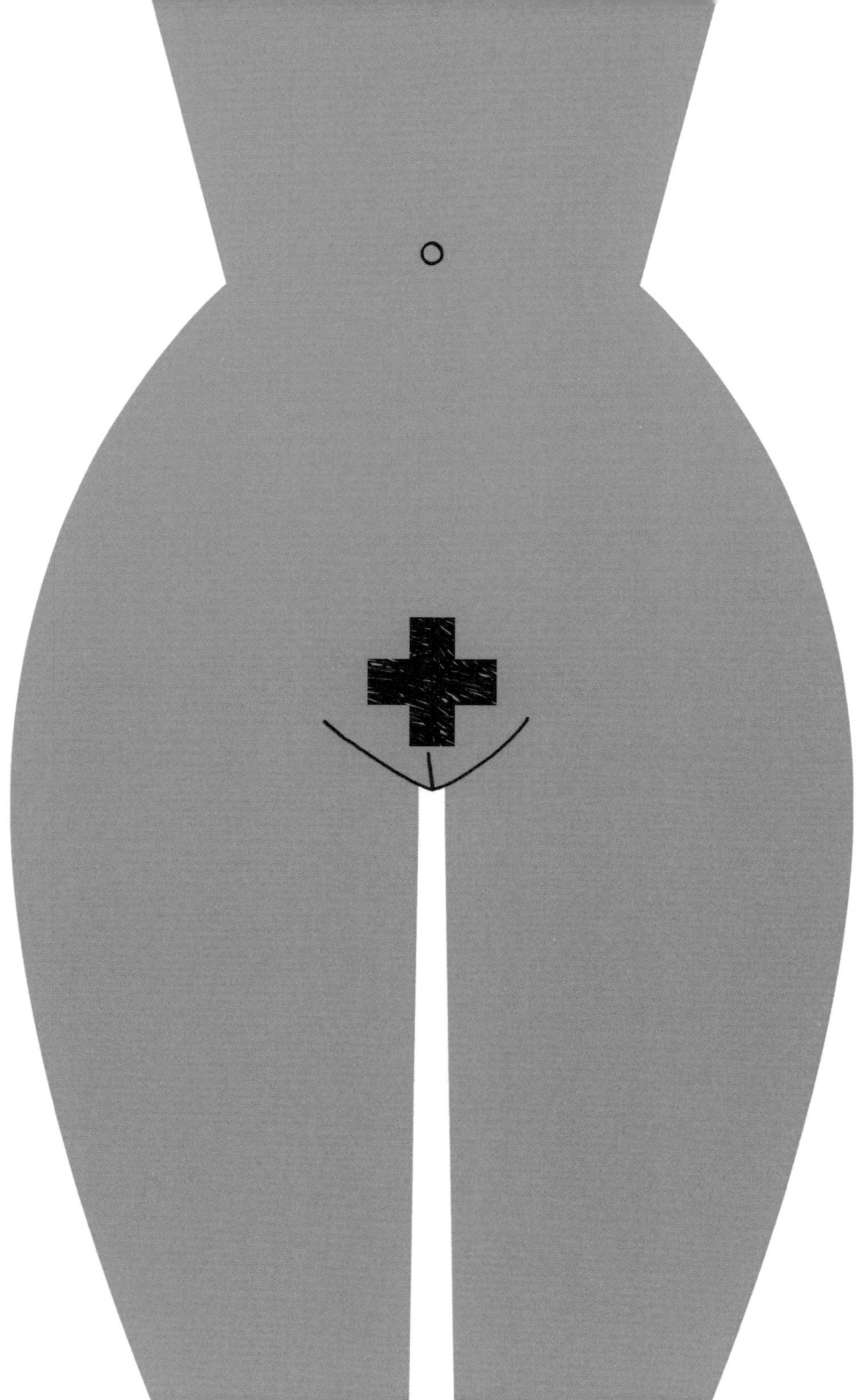

Das Blümchen

„Die Blume ist die Poesie der Fortpflanzung.
Es ist ein Beispiel für die ewigen Verführungen
des Lebens."

Jean Giraudoux

Der Mustache

„Einen Mann mit Bart zu küssen, ist wie ein
Picknick: Es macht nichts, wenn man erst durch
Gebüsch laufen muss!"

Minnie Pearl

Das Peace Zeichen

„Je mehr wir in Frieden schwitzen,
desto weniger bluten wir im Krieg."

Vijaya Lakshmi Pandit

Die Tatze

„Das einzig Wichtige im Leben sind die Spuren
der Liebe, die wir hinterlassen, wenn wir gehen."

Albert Schweitzer

Die Sonne

„... Noch jene flockigen Schleier, das helle Bett
umhüllend, darin zur Rast die Sonne geht."

Percy Bysshe Shelley

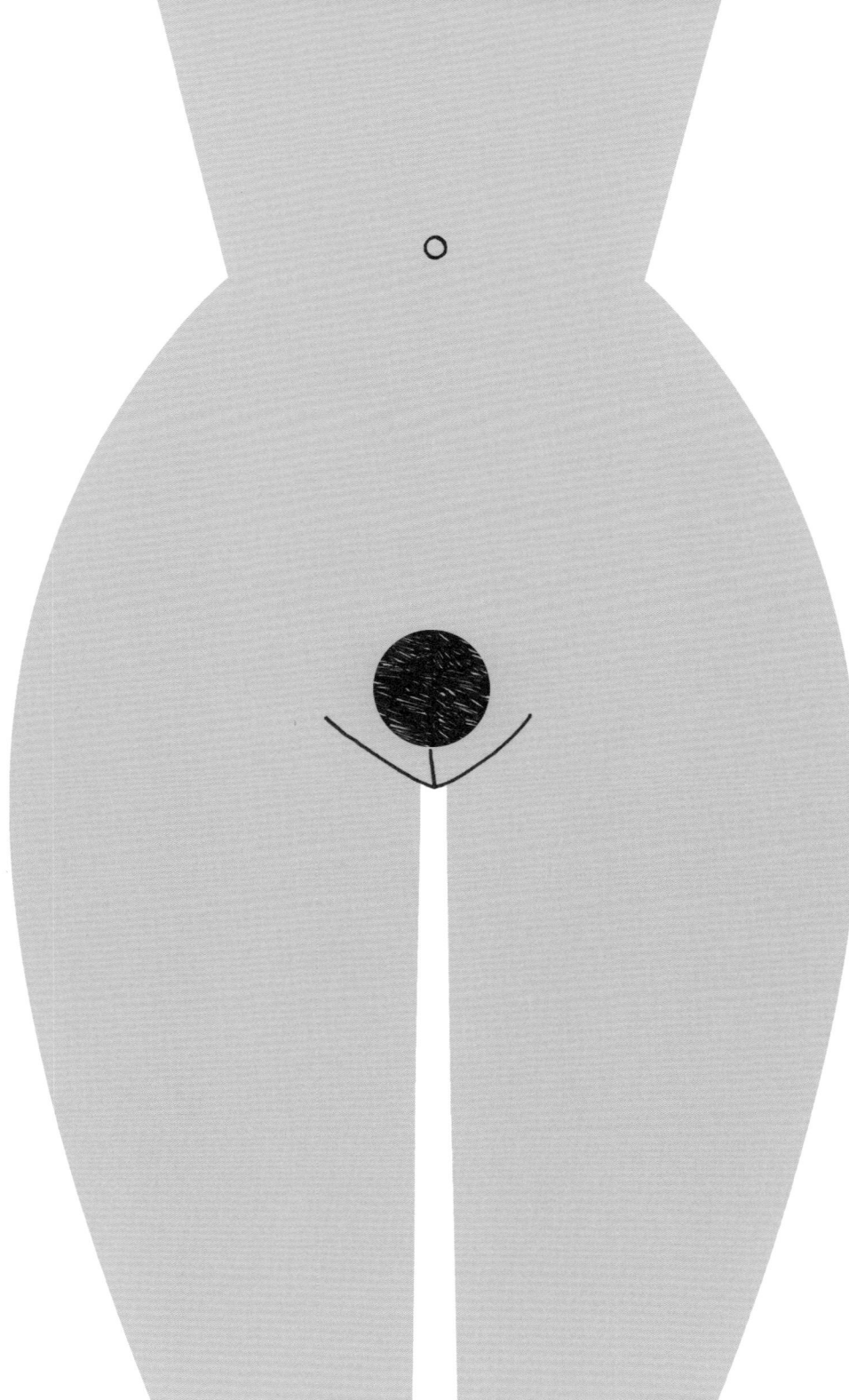

My Way

„And now, the end is near.
And so i face the final curtain.
My friend, i'll say it clear.
i'll state my case, of which i'm certain.
i've lived a life that's full.
i've traveled each and ev'ry highway.
And more, much more than this, i did it my way."

Frank Sinatra

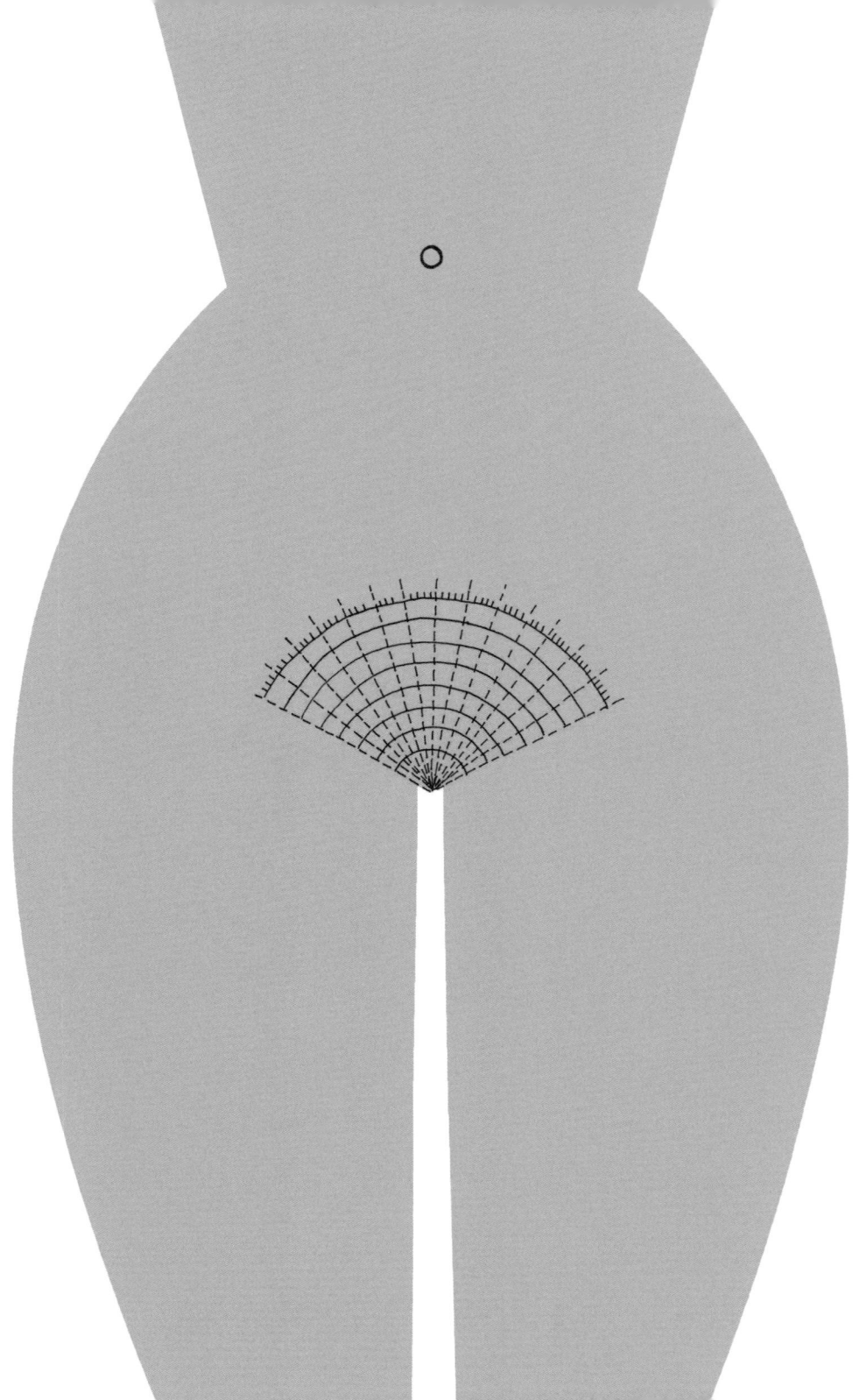

*E*NDE